# 走进大学

宋林轩·编著

吉林文史出版社

图书在版编目（CIP）数据

走进大学 / 宋林轩编著 . —长春：吉林文史出版社，2017.5

ISBN 978-7-5472-4324-4

Ⅰ . ①走… Ⅱ . ①宋… Ⅲ . ①大学生—学生生活 Ⅳ . ① G645.5

中国版本图书馆 CIP 数据核字（2017）第 140210 号

# 走进大学
## Zoujin Daxue

编　　著：宋林轩

责任编辑：李相梅

责任校对：赵丹瑜

出版发行：吉林文史出版社（长春市人民大街 4646 号）

印　　刷：永清县晔盛亚胶印有限公司印刷

开　　本：720mm×1000mm　　1/16

印　　张：12

字　　数：129 千字

标准书号：ISBN 978-7-5472-4324-4

版　　次：2017 年 10 月第 1 版

印　　次：2017 年 10 月第 1 次

定　　价：35.80 元

# 目 录
## CONTENTS

# 独立而不孤独地度过大学生活

走进梦想中的象牙塔，这是我们高中奋斗三年后的最大愿望。当我们真正走进去后才发现，原来一切与想象还是存在一些细微差距的。最直观的，是人与人之间的关系。

在高中，我们很容易与身边人"拉帮结伙"，为了一个共同的"恶作剧"拧成一股绳。不管是课堂时间还是课余时间，都有我们与三两个伙伴嬉笑打闹的身影。那段时光日后回想起来，会是记忆里最闪光的一段。那么，到了大学呢？是否还能拥有那般难忘的光景呢？

显然不能。一个最现实的情况是，大家都来自不同的地方，而在高中几年的时间里，早已形成了几乎固定的交友及交际方式。我们发现，身边人似乎有些"冷漠"，只关注与自己相关的事情，而任何其他——哪怕间接与自己有所联系的事情，都与他们半点

儿关系也没有，甚至很多人会急着去撇清，生怕某些事情牵扯到自己。事实上，这是每个人与生俱来的自我保护本能，我们都试图封闭自己，不让自己受到伤害，哪怕因此而丧失更多与人互动的机会。

当这种情况越发严重时，身在大学校园里的我们，到底该如何是好呢？

首先，学会独立是必要的。

独立，是一个人走向社会的成熟标志。一个独立的人，才能为自己的行为承担责任，才能具备在社会上生存的能力。相反，过于依赖他人，总要在他人的保护下才能行事的人，无论何时都显得十分羸弱，是难以成事的。

不过，我们的独立，应该建立在对自我正确认知的基础上。独立固然很好，但是这种独立并非对身边其他事情和人不闻不问，而是与之融合之余，独善其身。

其次，善于与人相处。

我们的独立，是个性的体现，是行为方式的成熟标志。因此，不能把独立解读成脱离人群，与外界事物失去联系。相反，一个真正独立的人，总能快速融入新环境中，而后把真实的自己表现出来，让他人认可和接受。

一个善于同他人相处的人，也是一个独立之人。毕竟，依靠自己的能力与周围人打成一片，甚至在人群中脱颖而出，这需要的是一种能力。如果从社会属性方面看，这样的人不需要依靠他

人即可成事。相反，如果总是让自己缩在一层"壳"里，既不去主动触碰他人，也不允许他人触碰，等到需要冲破或打碎"壳"的时候，你就会发现，自己总是缺乏那份勇气。

此外，能与他人友善相处的人，是能打开自己心扉，坦然面对一切、接受一切的人。这样的人，心理素质也会更好。

大学跟高中相比，唯一的差别就是我们需要独立去尝试一切，触碰一切。在这个过程中，我们自身的性格、品性等都会得到锻炼。能打磨这些人性中最柔软的地方的，莫过于与他人接触。

大学是充满阳光的，是自由奔放的，它需要的不是孤独，而是与人共乐。因此，要做到这一基本点，就需要我们首先突破自我认识的局限，友善地与他人相处。

再次，克服自身的缺点。

这一点似乎与"独立而不孤独"联系不大，可细细想来你就会发现，在大学里生活，一个人若不能把以往的缺点消灭掉，那么他将是个十分孤独的人。

在大学寝室生活中，自由随性的氛围感染着每一个人，即使是个平日里不怎么善谈的人，待关灯之后，"寝室悄悄话"的时段一到来，也可能会忍不住冒出一两句"语不惊人死不休"的话。

大学就有这样的魔力，总会带你快速融入这个充满欢乐和激情的氛围里。如果你在这个阶段仍"固执己见"，像个老气横秋的学究一般，恪守个人观点，甚至于对寝室的"嘈杂"报以白眼儿，那么你很快就会被这个寝室圈子淘汰。

大学不比高中，很少有人可以无限制地迁就你，别人只要发

现你有一次极不合群的举动，或是某种缺点令人"发指"，那他们肯定很识相地对你避而远之。可能你在某一天还会觉得他们实在不可理喻，殊不知，你已在自己一个小缺点上折戟沉沙了。

可见，一个小小的失误，就可能让你的大学生活在孤独中度过，想想这是多么可悲又可惜的事情啊！

这样去描述大学生活的一个方面，似乎让人觉得有些偏颇，甚至让人产生"原来大学生活是这样啊"的坏印象。不过，窥一斑而见全豹，这个小方面折射出的是大学生活隐藏着的"雷区"，一旦你不慎重，就可能被炸上天！

因此，与其小心翼翼地探雷，不如痛痛快快地改变自己。事实上，我们能改变的也只有自己，对于外界的一切事物，我们都无能为力。

做到独立而不孤独地度过大学生活，自然不是局限于上面浅显的三点。对于这个问题，自然见仁见智，不同人因性格的不同，对独立和孤独的解析也大相径庭。不过有一点大体相同，就是每个大学生都希望将来的自己在步入社会后可以独当一面，成为社会圈子里的佼佼者，而不希望自己孤独地过完大学生活后，在社会上持续这种生活状态。

# 真诚是支撑友情永存的基石

有人说，真诚是雨，洗涤着人们心灵的尘埃；也有人说，真诚是雷，震撼着人们的灵魂。真诚，是人与人之间交流的桥梁，是人与人交往的出发点，是一切的基石。倘若没有诚意，又有谁愿意与你交朋友？最后肯定只剩下孤零零的自己。真诚是重要的，它是建立友情的基础。真诚，是支撑友情永存的基石。

既然真诚是结交朋友的基础，那么，当我们成为大学生后，应该如何建立自己的朋友圈呢？

朋友是人生中极为重要的陪伴者，他们让我们的日常生活更加多彩，也让我们不再感到孤独，他们更是我们倾诉的对象，也能与我们一起分享欢乐。由此可见，良好的人际关系是在大学生活圆满结束的同时，获得附加而来的巨大价值的重要保障。

有了朋友，我们与他们可以一起解决问题，一起进步，一

起努力去追逐梦想，一起分享欢乐，一起承担痛苦。相反，倘若我们与身边的舍友、辅导员相处不好的话，不能与他们融洽地生活在同一个屋檐下，那么何谈日后步入社会与他人交往呢？没有这样的交往，想要成功就是一件很难的事情了。在大学建立属于自己的朋友圈极为重要，这是大学以及人生中决定性的一步。

谈到如何建立自己的朋友圈，首要的就是真诚。没有诚意何谈交朋友？更不用说建立属于自己的朋友圈了。交朋友时要做到坦诚为真、至诚为善。真诚是与人心灵沟通的第一步，如果你在建立自己的朋友圈时表现得虚伪，很有目的性和功利性，那么就不可能交到真正的朋友，与你为伍的，也必定是一群只讲利益之辈。

在交往过程中，我们应该以诚意相待，不可背后一套，当面一套，表里不一。不要当朋友在时奉承，不在时诽谤，这样做断然交不到任何朋友。交友我们自己就首先要坦荡荡，当对朋友做出某项承诺之后，就尽量去做，全力以赴去兑现诺言，做到言必信，行必果。

马克思曾把真诚的友谊赞誉为人生的无价之宝。古人也说，精诚所至，金石为开。日本著名作家池田大作也曾写道，只有抛弃虚伪，以诚相见的人际关系，才是最有力、最美好、最崇高的。因此，以真诚的心去交换一个真心的朋友，一个能伴你一生的朋友，是彼此的福气。这样的朋友会在你危难之际伸出双手拉你一把，也会在你成功之时与你一同欢乐。这样的朋友是人生之中不

可多得的，也是我们生命最宝贵的财富。

在建立自己的朋友圈时，要做到正直。如果你交的是一些酒肉朋友，那么在你真的需要帮助时又有谁会来帮你？他们只是一些狐朋狗友，称不上是朋友。在交友时要有自己的原则，不能让自己朋友的行为触碰道德底线。朋友是建立在相互谅解、相互尊重的平等原则之上的。古人云，欲人之爱己也，必先爱人，爱人者，人恒爱之，敬人者，人恒敬之。有些人为了自己的人脉，为了自己的利益而去迎合一些自己所需的或比自己有地位的人，显然，这样的朋友是不长久的，眼下可能双方会"皆大欢喜"，最终也只会落得关系破裂的结局。

原因很简单，在最初的交友之时，彼此就不是抱着一颗正直之心，都渴望着从对方身上索取。这种不正当、不健康的交友方式，换来的也必然是会令双方最终受损的结果。

此外，在交友时还要有一颗宽容之心。因为他人和你毕竟有诸多不同，所以要去包容和体谅他人。人毕竟不能十全十美，所谓"金无足赤，人无完人"，当我们抱有一颗宽容之心时，真挚的友谊定会向你扑面而来。

交友时还应学会换位思考，把自己的位置与他人交换一下来思考。如此，我们便能理解他人为何去做一件你本不明白的事情，而这样做也是相互体谅的一种比较好的方式，既会促进友谊的发展，更有助于我们慢慢拓展自己的朋友圈。

无论怎样，拥有真诚，我们的交友之路就会顺畅。真诚无疑是最可贵的东西，倘若在我们的人际交往中，能时刻让真诚伴随

我们左右，那么我们在收获友谊之时，更能遇到属于我们自己的"师者"。

古语有云，三人行，必有我师。在我们同行的朋友中，必定有我们值得学习和佩服的人存在，最为关键的是我们如何去结交这样的人。首先，还是真诚二字。因为真诚，我们才有机会感染他人；因为真诚，我们才会变得更加"真性情"；因为真诚，我们才会遇见那么多真性情的人；因为真诚，我们和我们仰慕的人成为朋友。

不能彼此坦诚相见，是朋友间的"撕裂剂"。因为彼此有所掩盖，所以才会在以后的相处中渐行渐远。想不重蹈他人的覆辙，就应该对朋友开诚布公，敞开心扉与之交往，把自己最真实的一面表现出来，如此，我们收获的友情才值得我们一生呵护。

身在大学，不比中学。眼下的我们，或许还不能体会到一个真正的朋友对我们一生的影响以及带给我们的帮助；或许我们仅仅觉得朋友就只是玩伴，无须对其敞开心扉，无须把重要事情告诉他；或许我们只觉得朋友仅仅是个"称呼"，是一种面子的象征。显然，这样的想法都是错误的。

在大学期间所结下的友情，是可以用一生相守的。因此，在大学，一定要让自己拥有几个朋友，就算仅有一个知心朋友也好。待到他日步入社会之后，我们就会了解到，没有目的性的朋友，是我们人生中难得的收益。

朋友应该是可以相互影响的。一个品德高尚的朋友，他的精神与品质也会感染我们。所谓"近朱者赤，近墨者黑"，也正是

这样的道理。

　　建立属于自己的朋友圈是重要的，这能让我们彼此相互促进，相互勉励，共同走向人生的高峰。

 # 谦虚是人不可缺少的品质

步入大学，我们已经开始向着更高的目标前进了，向着象牙塔的顶端前进了，那么在这个过程中，我们就需要不断地、耐心地、虚心地向他人请教，以此让自己前进得更有冲力。常言道，"满招损，谦受益"，因此，做一个虚心的人，不仅能不断前进，而且受益无穷。

海纳百川，有容乃大，一个谦虚之人，能在今后的生活及工作中获益颇多。做一个谦虚之人，既能博得他人的好感，也能促进自己，使自己更加完善，为自己的美好人生打下一个坚实的基础。

古往今来，关于谦虚的例子不胜枚举，那些名人所留下的种种鲜明的事例告诉我们，做一个谦虚的人，做一个不自大、自满的人，不做不懂装懂、信口开河的人，是多么重要。

17

孔子是我国伟大的教育家、思想家，他的儒家思想影响着一代代人，关于他的故事耳熟能详。在春秋时期，孔子与他的学生一起周游列国，一路宣传他们的政治思想。就在他驾车去晋国的途中，一个孩子挡住了他的路。

孔子便下马对孩子说："你不该在路中玩耍，挡住我们的路。"

孩子说："您看这是什么？"

孔子一看，那是用石子所摆的城堡。孩子又说："您说车应该给城池让路呢？还是城池给车让路呢？"孔子一时无法回答，便问孩子叫什么，孩子说叫项橐。孔子转过身对自己的学生们说："我不如他，他可以做我的老师。"

又有一次，在途中，一个孩子问他两个问题，其一是鹅的叫声为什么这么大？孔子便说那是因为鹅的脖子长。可孩子又说青蛙的脖子不长，为什么它的叫声也那么大呢？孔子无言以对。

过了一会儿，这个孩子又问了个问题，太阳到底有多大？旁边一个孩子说，太阳如同马车的轮子一般大，在清晨，太阳徐徐升起，如同火红的车轮一般。这时又有一个孩子说，太阳如同明亮的盘子一般，因为太阳在中午时如同一个明闪闪的盘子。孩子们的问题把孔子难住了，随后，孔子把那些孩子称为"师"，行礼，请教。

从孔子的事例中我们了解到，"君子好学，不耻下问"。孔子被称为"圣人"，却又能做到虚怀若谷，向小孩子们请教，将孩子称为自己的老师，实在难能可贵。孔子是至圣先师，是我们应该学习的。而他能秉持谦虚的态度，为自己不懂之事"拜师"，这种胸襟、气度和谦逊之状，是他慢慢上升到一个常人所无法企及的高度的重要原因，而他也身体力行地又一次证实了谦虚使人受益、使人进步的事实。

做一个谦虚好学的人，那么他的路将更加宽广，也会得到他人的尊重。倘若做一个高傲自大的人，显然是不容易被别人所接受的，更会因此树立许多敌人。

富兰克林被称为美国之父。在他年轻的时候，一位老前辈邀请他去一间矮小的茅草屋里见面，富兰克林来了，他挺起胸膛，大步前进。可是一进门，砰的一声，额头重重地撞在了门上，顿时就肿了起来。老前辈看到他的样子，笑了笑，说："很疼吧，你知道吗？这是你今天的收获，一个人要洞察世事，就必须时刻记住低头。"

富兰克林把这次拜访当作了一次悟道，牢牢地记住了老前辈的教导，继而把谦虚列为他的一项人生准则。最终，富兰克林取得了巨大的成就，而他的成就，必然有"谦虚"这一味良药的调剂。可见，谦虚对一个人未来之路会起到至关重要的导航作用。

谦虚能让人理性地认识到自己的不足之处，能够让人勇敢地面对那些缺陷，从而促使自己脚踏实地，更正过往，一路向前。

谦虚之人，在正视了自己的缺点后，就会不断改善，从而不断进步。徐悲鸿在一次画展中遇到了一位乡下的老农，老农告诉他，说他的鸭子画错了，麻鸭的尾巴没有他画的那么长。

当时，徐悲鸿展出的是《写东坡春江水暖诗意》，画中的麻

19

鸭尾巴长且卷曲如环。老农告诉他，雄麻鸭的羽毛鲜艳，有的尾巴卷曲；雌麻鸭为麻褐色，尾巴较短。徐悲鸿接受了他的建议，并深表谢意。

又如梅兰芳拜师。他不仅在京剧艺术上有很高的造诣，而且拜齐白石为师，虚心学习绘画，因此在画界也有不错的声名。他既拜名人学习，也向比他技艺更高的普通人学习。在一次表演结束时，众多观众纷纷说好，可一位长者说不好。事后，梅兰芳将老人请到自己的家中，虚心请教。老人告诉他："主角上楼和下楼的台步应该是七上八下，可你却是八上八下。"梅兰芳听完，恍然大悟，忙尊称老人为老师。

可见，任何称之为"大师"之人，绝非圣人，也有疏忽甚至不懂之处。此时，真正的圣人会谦虚求教，不会自以为是。身在大学的我们，也要从这些典范中总结适合我们自身的经验。

大学生活的自由性，决定了我们每个人可以无拘无束地张扬自己的个性。于是，更多人都把谦逊收敛了起来，取而代之的是处处彰显、表现，生怕别人看不到自己的长处。显然，骄傲之人注定当不了真正的学者。而谦虚之人，却可以让自己的整个人生都充满进取的味道。因此，未来的大学生活，不应该在散漫和自以为是的随心所欲中度过，而应该在虚心求知和放低心态中度过，这样的大学生活，才是有意义的，才是能为日后的社会生活提供正面动力的。

孟德斯鸠曾说，谦虚是人不可缺少的品质；王阳明曾说，人生大祸，只是一个傲字。因此，我们应当谦虚做人，脚踏实地做

事。时刻要铭记"谦虚使人进步，骄傲使人落后"的道理。也只有这样，我们才能成为一个值得称赞、受人尊敬的人。也唯有此，我们的明天才会越来越辉煌，越来越灿烂！

# 宽容是一种巨大的人格魅力

　　有一颗能包容山川、河水、溪流的心，定是一个能与他人相处和谐之人，而能与他人友善相处，足见其交际能力。这样的人，通常情况下，自己是不会感到有太多烦恼与忧愁的，因为他们怀揣一颗宽容之心在与人交往。

　　宽容之心如一缕清风，吹散心头的烦恼；宽容之心如涓涓细流，洗涤人的心灵。宽容是一种巨大的人格魅力，它能产生强大的凝聚力和感染力，让人们团结在你的周围。马克·吐温曾说："紫罗兰把它的香气留在踩扁了它的脚上，这就是宽容。"

　　相传在春秋时，齐襄公被杀之后，公子小白和公子纠为争夺王位而战，鲍叔牙助小白，管仲助纠。在双方交战之时，管仲曾有一箭射中小白衣带上的扣子，令其险些丧命。但小白诈死，逃过了一劫，最终他做了齐国的国君，即齐桓公。

他执政之后，任命鲍叔牙为相国。鲍叔牙心胸宽广，有识人之能，极力把管仲推荐给齐桓公。他说管仲比他更能胜任相国，在安抚百姓，让百姓听从君命方面他不胜管仲；在治理国家，维护国家利益方面他不胜管仲；在讲究忠信，团结百姓方面他不胜管仲；在制作礼仪，使得四方纷纷效仿方面他不胜管仲；在指挥战争，使得百姓更加勇猛方面他不胜管仲。

听了鲍叔牙这些话，大度的齐桓公便听从他的建议，让管仲担任要务。而管仲也不负他，帮助齐国在经济、军事、农业、内政上进行改革，最终使得齐国成为中原强国。齐桓公后来便"九合诸侯，一匡天下"。

齐桓公的成功给了我们深刻的启示，那就是要有虚怀若谷之心、海纳百川之心，只有这样，才会让他人紧紧地团结在自己身边，以助你取得成功。

在大学里，与我们接触最多的或许就是住在一个寝室的伙伴。生活在同一个寝室中，难免会有一些小矛盾、小摩擦，所谓"退一步海阔天空"，彼此的忍让、彼此的理解才是解决问题的根本。

李白曾说"人非舜尧，谁能尽善"，因此，能容忍他人的不足之处，别人也更容易接受你的缺点。《尚书》中说："有忍，其乃有济，有容，德乃大。"因此，宽容是人的善，宽容是一首人生的诗，能谱写人性之美，唱出人与人之间的和谐之歌。宽容更是人与人心灵交流的桥梁，能让人与人之间更加友爱，能让人更容易理解他人，更好地与他人相处，

在春秋时期，赵国的蔺相如完成了完璧归赵的艰巨任务，职

位便因此高于名将廉颇，拜为上卿。对此廉颇很不服气，扬言要当面羞辱他。蔺相如闻听此话，连连称病不上朝，不与廉颇争位。蔺相如常常在坐车时也刻意回避他，门客们看到之后以为他胆小怕事，他却说："秦王那么厉害我都不怕，难道我还怕廉颇吗？我是在想，强大的秦国之所以不敢侵犯赵国，是因为我与廉颇的存在，而如今两虎若相斗，则必有一伤，那时赵国的实力会大大减弱，所以先国家之急后私仇。"

当这话传到廉颇耳朵里时，廉颇顿觉十分惭愧，于是便背着荆棘登门请罪，说自己鲁莽无知，不识大体。蔺相如能如此宽容，他深感惭愧。从此以后，他们成为生死之交。由此可见，宽容是多么可贵的品质，宽容也是人与人相互体谅的最好载体。

宽容是一种非凡的气质，是一种高尚品格；宽容是一种力量，能化干戈为玉帛。苏洵曾经说过，一忍可以支百勇，一静可以制百动。因此，拥有一颗宽容的心，如同一个人心中装有太阳，可以照亮人与人之间的"黑暗"。一颗宽容之心，如一场绵绵细雨，滋润干枯的心灵；一颗宽容之心，宛若一片绿洲，让干渴的人心中升起一片希望。

清朝康熙年间，桐城人张英官升到礼部尚书，邻居是另一个大户，为同朝供职叶侍郎。两家由于围墙而常常发生纠纷，张老夫人便写信向张英告状。张英见信后深感忧虑，于是回复老夫人：千里家书只为墙，让人三尺又何妨？万里长城今犹在，不见当年秦始皇。老夫人收到信后，当即感到惭愧，于是立刻退了三尺筑墙。叶府人也很感动，也退了三尺。此后，两家消除隔阂，相处

得十分和谐。

　　学会宽容，学会理解他人，我们每个人的生命将会绽放出最绚丽的花朵。

# 滴水之恩涌泉相报

古人说，滴水之恩，当以涌泉相报。感恩的心如同一条清澈见底的小溪，涤荡着人们的心灵；感恩的心如同一颗耀眼的明星，划过天空，让世人为之一震；感恩的心如同温暖的火炉，使人间再无寒冷；感恩的心如同一把火炬，为前途充满黑暗的人带来光明；感恩的心如同火红的太阳，照亮一个个黑暗的角落，还原世界的美丽。

感恩是每个人应当具有的高尚品质，它是一种美德。感恩能让自己的生活充满爱与希望，能让人乐观地对待每一天。

对于每个人而言，最应该感恩的莫过于自己的父母。我们应该感谢他们将自己带到这个世界，辛辛苦苦地将我们养大，事实上，"知孝"也是感恩的一种表现。

东汉时的黄香，小时候家境困难，10岁便失去了母亲，父

亲又多病。在闷热的夏天，他在睡前会用扇子驱赶蚊子，扇凉父亲的床和枕头，以便父亲早点儿入睡。在寒冷的冬天，他会先钻进被窝，用自己的体温暖热被子之后才让父亲睡下。

他穿不起棉袄，为了不让父亲伤心，从不叫冷，总表现出一副快乐的样子，好让父亲宽心。可见，这种孝心，就来自一种感恩。黄香懂得感恩自己的父母，所以才会用孝顺的方式来表达。

父母无微不至地照顾我们，总会让我们的内心充满温暖。当我们看着他们渐渐花白的双鬓时，当我们想到他们所付出的无尽爱意时，心中怎能没有报答他们的想法？我们应当孝顺自己的父母，要常常怀有感恩的心。所谓"谁言寸草心，报得三春晖"，父母总是把我们放在最重要的位置，而我们呢？也一样要怀着感恩之心回报他们。

感恩是滴水之恩涌泉相报，更是一种境界。感恩是我们所必需的品质。要感谢帮过我们的人，时常怀有一颗感恩之心，这样我们自己也会变得更快乐。

感恩的心是一朵美丽的花，它盛开在我们的心里，散发着它的芬芳。

老师是我们的第二个父母，是他们教会了我们人生道理，教给我们知识。他们培养了一批又一批的有志青年、国家栋梁。老师是人类灵魂的工程师，是我们人生的舵手，指引着我们不断向前。

当我们有所作为，实现了自己一个又一个的人生目标时，是否想到老师？老师曾经的耐心，曾经的关怀，是否令我们感动？

如果答案是肯定的，那么我们就应该感谢老师。他们是园丁，在讲台上挥洒汗水浇灌我们；他们是蜡烛，燃烧自己为我们点亮人生的希望之灯，为我们指引前方的路。

感恩自己的父母，感恩自己的老师，其实就该从点点滴滴做起，从自己力所能及的事做起。当父母劳累一天回到家中，为他们倒上一杯水，为他们捶捶肩，陪他们说说话，这很可能会将他们的劳累消除。

此外，不要和父母吵架，他们是为我们好，也许我们不理解，当然可以提出自己的想法，但要心平气和地说。

当父母生病时，要细心地照顾他们，为他们做顿可口的饭菜，帮父母扫扫地、洗洗盘子，让他们感到舒心。这便是爱，是对父母无声的爱。这便是孝顺，是难能可贵的品质。这便是感恩，是在感谢辛辛苦苦的父母为我们所付出的无尽的爱与关怀，给予我们无限的温暖与欢乐。

感恩自己的老师，也是从平常的小事做起。课堂上积极回答老师所提的问题，按时上交老师布置的作业，不与老师顶嘴，想来这便是对老师最大的安慰了。

一个生活贫困的男孩儿为了积攒学费四处推销产品，他的推销似乎不是很顺利，而且那时的他已饥渴难耐了，于是他想放弃一切。在走投无路时，他又敲开了一扇门，开门的是一个年轻美丽的女子。他说："能给我一杯水吗？"这个女子温柔地笑着，为他递上了一杯热牛奶。男孩儿内心十分感动，流下了感动的泪水。

多年后，男孩儿成为著名的医生。一天，他所在的医院来了一个病情严重的妇女，他做手术的时候，认出了她就是当年给予他希望的人，于是他决定回报她。

当女子病情稳定之后，她开始为自己的医疗费忧心忡忡。不过，当她哆哆嗦嗦地打开医疗账单时，费用上竟然写着"一杯牛奶"。顿时，她的眼眶湿润了。这就是感恩的力量，这便是人间的爱、人间的善。鲁迅曾经说过："知恩报恩，生活在感恩的世界里，人生才有意义，感恩从感激身边的人开始，努力从脚下的位置开始，真诚地感谢为你付出的人，由衷地赞美为你付出的人，感谢一切我要感谢的人。"

感恩如此美丽，如同一朵鲜花，悄然在我们的内心播种。只要我们用自己心中充满爱的土壤去培育它，那么它终有一天必能充满芳香。

古人常说，投之以桃，报之以李，所以我们应该怀有一颗感恩之心，感谢身边为你付出汗水与心血的人，感谢他们曾与你一起走过，感谢他们分享你的快乐与忧愁。

 # 微笑让生活变得幸福快乐

微笑，是人类生活中不可或缺的。不同的笑有不同的含意。欢笑给人一种欢乐、高兴的感觉；大笑给人一种开心的感觉；微笑则表达了多种意义，它可以是快乐、温暖、舒心的感觉，也可以是友好、自信的感觉。

微笑是一种财富。当你给予别人微笑的同时，自己也会收获幸福；当你感到无助和寂寞时，一个微笑会让你感到世界充满关爱；当你陷入困境，需要理解和支持时，一个微笑会让你充满自信和勇气。收获微笑是幸福的，赠人微笑同样也是幸福的，不要吝惜你的微笑。一个微笑只有短短的几秒钟，转瞬即逝，可它会留下美好的回忆，让人终生难忘。

其实，微笑是一种语言，只要用心去体会，微笑在生活中无处不在。课堂上，老师的微笑是对学生的鼓励和表扬；打谷场上，

农民的微笑表达出这一年丰收的喜悦，同时也有对来年的向往；交际中，微笑是一种礼貌，是对对方的理解和尊敬，同样可以拉近两人之间的距离；生活中，微笑是一种语言，是人与人之间的沟通方式；争吵中，微笑是一种调和剂，它可以解开彼此的心结。微笑的魅力太大了，只要人人都以微笑面对生活，那么社会一定会变得更美好、更和谐。

在大学生活中，微笑可以让我们结识很多朋友，使我们的大学生活变得丰富多彩。在刚进入大学时，我们并不会有过多的人际交往，可能在几天或几十天内都不会认识几个朋友，即使认识了，也不过只是知道名字而已。在新的环境中，大家都不会过多地去关心别人的事情，基本上都是各扫门前雪。这段时间，是人与人之间交流最贫乏的时候。而这时，我们就要用微笑、真诚去结识身边的每一个人，让自己的交际圈迅速扩大。

微笑也可以让我们充满信心，克服学习上的困难，在知识的领域里勇往直前。学习有时是一件枯燥乏味的事情，当遇到解不开的问题时，就更让人心烦，这时就要以微笑的方式来面对自己，给自己信心，释放心中的烦躁，用微笑去面对困难。

微笑也可以让我们拥有领导能力，在团队中善于微笑，或许可以让你凭借这个魅力去团结大家，领导大家。微笑的一大特征就是自信，压力再大，作为团队的领导也要对每一个人保持微笑，从而向他人传达你的信心。其实，自信不仅来源于能力，更来源于自身的努力，来源于对成长和进步的追求。同时，对每件事，都要看到它正面和积极的意义，从中找到借鉴和改善的理由。要

关注团队中每个人的优点，对别人的缺点尽可能持宽容和接受的态度，这会为以后的社会性工作打下坚实的基础。

微笑也可以让我们豁达、宽容。在人与人交往时，有时可能因为意见不合而发生冲突，如果处理不好，让事态继续发展下去，双方就会产生怨恨，甚至可能会因此受到更大的伤害。而一个微笑，可以在事态恶化前消除隔阂和误解。微笑可以让人敞开胸怀，矫正自私狭隘的心理，让心胸变得更宽广。当我们进入大学后，人与人之间不可能总是那么融洽，有争执是不可避免的，但发生争执时，我们不应将争执扩大化，总不能在大学的这段时间里四处树敌吧？我们应该学会宽容，应该学会在适当的时候以微笑化解矛盾，这才是智者的表现，这样才能更好地融入人群、融入社会。

微笑还是一种尊严与智慧。在学校，有时会面对蓄意的诋毁与嘲弄。在这种情况下，我们不需要与其进行争执，也不需要失去理智进行反击，只需要一个淡淡的微笑。俗话说得好，"有理不在声高，无理寸步难行"，保持微笑，其实是一种修养，也是一种尊严，让那些无理取闹的人感到羞愧，让时间证明你的尊严与智慧。

我们可以试想一下，如果在商场中有两个人因为一点儿事破口大骂，作为围观的人会怎么想？一定会认为这两个人没有教养，没素质。同样是这两个人，如果其中一个因为一点儿小事破口大骂，而另一个人只是对他微微一笑，这时，围观的人一定会认为这个人有修养、有素质。

微笑的力量是巨大的，在面对失败时，微笑可以为你疗伤。

人的一生中总会面对失败，不可能按部就班地按计划进行。以学习为例，你在平时的学习中非常刻苦，但考试成绩却很不理想，这时千万不要气馁，应该给自己一个微笑，去寻找失败的原因，并解决它。

成功时，微笑是对自己的告诫。当我们成功完成一件事时，会受到自己或他人的称赞，这时千万不能骄傲自满，要给自己一个微笑，告诫自己当前的成功并不是最终的成功，它只是自己成功路上前进的一小步，要更加努力向自己最终的目标前进。

自卑时，微笑是一种鼓励，会给你强大的自信。每一个人都不是完美的，都或多或少存在一些缺点。我们不能因为自己的某一方面不如别人就自卑，而要以微笑去鼓励自己，给自己信心，提高自己这方面的能力，不能就此消沉下去。比如法国的数学家埃尔米特，他曾经因为数学不好而四次没考进大学，也是因为数学不好而差点儿无法大学毕业，可是后来他却成为法国人尽皆知的数学家。就是因为他不断努力，不放弃自己的理想，才有了他后来的成就。

总之，拥有微笑，就拥有打开世界之门的第一把钥匙，它为我们揭开了世界的面纱。人与人之间，有时其实只需要一个微笑，它不分国界、不分语言，是人与人沟通的桥梁，是我们学习的第一种语言。懂得微笑的人，才是生活中的智者，微笑让生活变得快乐、幸福。

 # 使成功成为生命的一部分

无论何人降临到这个世界上，都不可能一直成功，都会面对各种失败，各种不如意。在我们失意时，不要去抱怨自己的家境不如别人，自己的天分不如别人，自己的机遇不如别人，因为我们大多数人的生活环境都是一样的，我们都很普通，但是我们有自己的情感，有自己的思想，我们能够辨别是非，我们有自主学习的能力。不可否认，在这个世界上确实有天才，但其数量跟普通人比真是九牛一毛，而且就算是天才，如果缺少了后天的努力，一样不会干出一番大事业，只能默默无闻地度过一生。

要想成功就一定要付出很多努力，那份艰辛或许是常人无法想象的，世界上绝对没有平白无故的成功。成功其实就是付出、再付出、加倍地付出。不要去羡慕他人的成功，我们应该看到别人在背后默默付出的努力、从失败中站起来的顽强以及对成功的

渴望和向往。虽然现在社会上有不少人通过不正当的途径获得了暂时的成功，但是身在校园的我们不要羡慕这些人。短暂的成功不是成功，时间会证明一切，实力会证明一切。总有一天，时间会证明谁才是真正的成功者。我们只有脚踏实地地向着成功前进，才会获得真正的成功。

成功是坚持，是智慧，是奋进，是永不言败。要想获得成功，都需要哪些方面的能量补给呢？

较高的文化素养

一个人是否成功与其受到的教育程度有密不可分的关系。文化水平越高，越能增强自身对事物的理解能力、分析能力、判断能力，这对整个人生来说都是至关重要的。而大学正是我们提高文化水平的黄金时期。在大学期间我们首先要对自己的未来有一个规划，然后按照规划不断地学习对我们有用的文化知识。当然在学习的这段时间里，我们是孤独的，但我们一定得坚强，只有克服学习中的一切困难，才能为以后的成功打下坚实的基础。

坚定的信念

无伦做什么事情都要有坚定的信念。信念，是成功的起点，也是成功的动力，是托起整个人生的坚强支柱。在人的一生中，不可能总是一帆风顺、事遂人愿。有的人身体可能先天不足或后天病残，但他能成为生活的强者，创造出常人难以创造的奇迹，这靠的就是信念。一个人一旦有了信念，就有了人生的目标，他会为了这个目标而不断努力，实现自我的超越。其实，成功的前提就是具有坚定的信念，成功的程度也取决于信念的程度。

汲取前人的成功经验

在成功的道路上，有时并不是孤军奋战，我们要及时汲取成功人士的经验，这样才可以让我们少走弯路，更快地到达成功的彼岸。在汲取他人经验时，要善于思考，不能原封不动地照搬，要善于思考，结合自身实际情况进一步分析、提炼，挖掘出有规律性的、有价值的启示。

具备坚强的毅力

在奋斗的过程中，会遇到这样或那样的困难，如果在遇到困难时，对自己所做的事产生了怀疑，那么你将会成为失败者，成功者会在这个时候想尽办法去克服困难。如果想要成功，就要有坚强的毅力，要学会享受困难给你带来的冲击感，感受一步步走向成功的过程。

凡事预则立，不预则废，我们应当尽早地规划自己的人生，为自己设计蓝图。早一步了解自己跟社会的差距，可以避免自己在初期学一些用处不大的知识，多点儿时间去学习有用的专业课。我们要把所有的精力都放在学习技巧和有用的知识上。

也许以后每个人所走的路不一定跟自己所想的一样，我们会遇到难以预知的困难，那时候，应该怎么办？答案很简单，就是永远不认输，要像"小强"一样，坚持到底，我们要追求的是胜利，所以这个时候应当迎难而上，要自始至终抱着对成功信念的执着。

成功，讲的就是一种心态，这不是某方面实力的单纯比较，而是意志力的对抗。比如在拔河比赛中，也许有一队在不被看好的情况下，却打败了比他实力强得多的队伍，这支队伍靠的是什

么？是运气？可能多少有一点儿运气，但真正决定成败的是每个队员的意志力，态度决定成败，他们靠坚强的意志力让对手感到恐惧。比如苏联著名作家尼古拉·阿列克谢耶维奇·奥斯特洛夫斯基，因家境贫寒，11 岁便开始当童工，15 岁上战场，16 岁身受重伤，25 岁身体瘫痪，双目失明，他却以惊人的毅力写了长篇小说《钢铁是怎样炼成的》和《暴风雨所诞生的》，试想，如果这种经历换成自己，我们能够像他一样为了自己的理想，克服疾病的折磨，克服一切难以想象的困难，最终敲开成功的大门吗？

在走向成功的道路中，我们要像一个战士，不论被打倒了多少次，都要爆发出最后的勇气，再一次站起来，就一定能够获得荣誉。要热爱成功，让它成为生命的一部分。

# 为实现梦想而坚持到底

　　海阔凭鱼跃，天高任鸟飞。每个人都拥有一个属于自己的梦想，都幻想着终有一天它会实现。没有梦想的人，他的人生将是空虚的、毫无意义的。梦想，其实就是理想，但它比理想更难以实现，因为它是一个美好的愿望。它缥缈、虚幻，不切实际，可望而不可即。

　　记得初入大学时，为自己设定了很多梦想和目标。比如，学好专业知识，练好口才，学好英语，参加一个社团，谈一次刻骨铭心的恋爱，等等。有梦想，这是好事。人最怕的就是没有梦想，没有目标，不知自己该干什么。可是，光有梦想，没有实际行动，这就真的成了不切实际的梦想。必须把它落实到行动上，努力进取，不断坚持，朝着梦想勇往直前。此刻，我们不妨做一个不但有梦想，而且将其落实到行动上的人。

　　为了实现梦想，我们要不断努力，要将其变为可能、变为现实。比如，英语是每个大学生的必修课，也是出国深造的必备语言，在进入大学后，大部分人都想在最短的时间内完成英语四级考试，并能说出一口流利的英语。不过，要实现这一目的，不是光靠想的，我们要付诸行动，每天都要拿出一定的时间来背单词，进行口语练习，只有坚持不懈地努力，才会实现这个梦想。

　　当然，这只是学习生活中众多小梦想中的一个。在每个人心里，都会有一个远大的梦想，比如成为科学家、考古学家、有钱的商人或是金融学家等，这些梦想对于大部分人来说，就真的只是梦想，因为梦想成真的确是一件不容易的事，这需要我们去进行合理的规划，坚持不懈地努力，才能够实现。

　　要实现梦想，就要合理地规划，把自己的综合能力和自己的未来结合在一起，不要去实现那些与自己能力完全不符的梦想。

　　要想实现心中的梦想，需要有实现梦想的条件。

　　第一步：正确地认识自己。每个人都有自己的性格、爱好、特长，认识自己是实现梦想不可缺少的条件。比如自己在音乐方面很有天赋，而在数学方面的能力非常差，但我们若是梦想将来成为一个数学家，那么很显然，这会很难实现。

　　第二步：把自己的能力综合在一起，把握自己，才能合理地规划自己的梦想。不要超出自己的能力范围，自己能力范围之内的梦想，才是有可能实现的。

　　第三步：规划实现梦想的步骤。为自己的梦想设定目标，朝着既定的目标一步步走去。梦想对于我们来说是遥不可及的，在

实现梦想的过程中，我们可能会望而却步，但我们可以将梦想分为几个阶段，将每个阶段再分为若干个小阶段，通过了一个一个小阶段，梦想就容易实现了。

第四步：适应生活的节奏。在实现梦想的过程中，要让自己与身边的生活环境相结合，不要与社会脱离。

第五步：坚持不懈。光有梦想不去实现是没有用的，而做了却没有坚持到底，也是枉然。

下面这个例子中的小伙子，就是能为实现梦想而坚持到底的人。

这个美国小伙子在中学毕业以后，立志要做一名优秀的商人。后来经过他的不懈努力，他考入了麻省理工学院，但是他没有去读贸易专业，而是选择了工科中最普通、最基础的专业——机械。这一步他走得非常巧妙，因为他知道，要在商贸这一领域发展得更好，走得更长远，必须具备一定的专业知识，否则只能是纸上谈兵。考虑到这些，大学毕业后，这个小伙子没有马上投入商海，而是考入了芝加哥大学，开始了另一段大学生活，他攻读的是经济学硕士学位。

在大学的几年中，他在知识上已完全具备了一个商人的素质。但出人意料的是，在获得硕士学位后，他还是没有从事商业活动，而是考取公务员，去政府部门工作。他为什么如此？因为他深知，经商的时候必须具备很强的交际能力，而当公务员，就更容易培养自己机敏老练和临危不惧的品格。

在政府部门工作了 5 年后，他辞职开始经商，业绩斐然。又

过了两年，他开办了拉福商贸公司。在奋斗了 20 年后，拉福公司的资产已从当初的 20 万美元发展到 2 亿美元。这个小伙子，就是美国知名企业家比尔·拉福。

他为了梦想一步一个脚印，不知疲倦地奋斗着。蝶的飞舞，是因为它梦想冲破茧层；果的诱人，是因为它梦想突破青涩。而一个人的辉煌，是因为他有着强烈的成功欲望。

古希腊著名哲学家苏格拉底曾经说过："世界上最快乐的事，就是为梦想而奋斗。我们赞美勇往直前的纤夫，他们从不听命于河流的摆布，从不坐在搁浅的船旁叹息，任凭道路泥泞，不管山崖陡峭，他们始终迈着稳健的步伐，拉紧肩头的纤绳，朝着梦想前进。"

亲爱的朋友们，我们只有不断地努力，才不至于和自己的梦想渐行渐远，只有不停地追逐时间的脚步，才能不被梦想抛弃。在大学生活中，希望我们每个人都能携着自己的梦想坚持不懈地努力，而后收获属于自己的丰硕果实。

# 在失败中微笑的勇者

我们很多人在小时候都看过《鲁滨逊漂流记》。其中的主人公鲁滨逊，是我们心中真正的勇者。记得他曾经说过这样一句话："我这一生正如造物主的万花筒，变化多端，世间少有而奇特。"

其实，这句话的真正内涵是指人的一生充满了变数。可能你会遇到意想不到的困难，但同时生活也是一面镜子，你对它笑，它也会对你报以笑容，你对它哭，它给你的也只能是哭泣。鲁滨逊的一生，没有什么辉煌，有的只是失败，最后还在那次海难中漂到了荒无人烟的岛上。在那里，没有生活用品，没有住所，他只有废船上的那么一丁点儿食物、枪支和其他并无多大用处的东西。他也曾害怕、苦恼过，内心也曾充满无助和孤独，然而这样的情绪并没有影响他的生活，他不断地安慰自己，凭着自己的智慧和勇气，克服了无数困难，不仅在岛上生活了 28 年，还找到

了许多生活的乐趣。

世人都喜欢成功，害怕挫折和失败，但往往最能磨炼人的就是这些让我们害怕的挫折和失败。当我们经历了失败、战胜了挫折后，就会发现自己拥有了无数的阅历、经验，它是我们人生中最宝贵的财富。

大学的日常生活或是社团活动中，我们也经常会遇到失败。多数时候，我们都会有这样的想法：这次失败，都是因为别人，因为他做得不好。或者我们会归咎于某些外在原因，甚至事后还在抱怨为什么没有做好，要是当时是这样或那样就好了，要是有更好的条件也许就能成功了。

我们常常会在失败之后为自己找一些理由，为自己开脱，然而我们却忘记了最重要的东西。我们没有时间去找借口、去抱怨，我们应该去找方法——接下来应该怎么做才能成功，才能不再失败。这就是我们应该注意的，而这也是我们为什么总是不能成功的原因。同时，这更是我们时常在不经意间犯的错误，因此，我们需要用这句话来提醒自己："成功者找方法，失败者找借口。"我们不能再做那个失败者，因为我们要成功！

敢于面对成功的，不一定是英雄，但不敢面对失败的，必定是一个只会对着时间流逝而长叹的懦夫。

面对失败，是需要有非凡勇气的。一个敢于面对失败的人，就是具有非凡勇气的人，甚至是无愧于"英雄"称号的人。只有面对失败，才会找到失败的原因，吸取上次失败的教训，努力走向成功。

勇者不惧，从容面对。只要有勇气和乐观向上的心情，就能在失败中微笑。那么，一个真正的"勇者"，应该具有哪些品质呢？

**要敢于接受挑战**

所有的机遇都伴随着风险。大部分成功人士在最初接受挑战的时候，他们并没有十足的把握，更多的是在工作过程中不断地思考、调整、优化，最终才能积累丰富的经验。

人的一生，真正的机遇并不多，我们要敢于挑战，这样才能有所作为，才有可能成功。

**要勇于面对**

在人的一生中，会遇到一些不愿意面对的人或事，大多数人会选择逃避，因为只要面对了，那就意味着要承担责任。其实，责任与权利是并行的，一个人能承担多大的责任，他就能拥有多大的权利。如果一个人连承担责任的勇气都没有，那他注定是一个平庸、无所作为的人。

**经得起挫折**

每一个成功者在成功的道路上都不是一帆风顺的，在其发展的过程中，一定会遇到很多意想不到的困难。当然，在其成功的过程中，重要的并不是遇到了多少挫折，而是在挫折中能成长多少。从某种意义上讲，只有不断地经历挫折，并在挫折中积累经验，成功的可能性才会越来越大。

**要能承受屈辱**

每个人的成长，都要经受无数的委屈，有时甚至是屈辱。现实就是这样，不如意事十之八九。地位越高，承担的责任也就越

大，所经受的委屈就越大。

在人生的道路上，我们经常要面对一些无端的质疑，甚至要承受他人的议论、诋毁。但这一切都是正常的，谁人背后无人说，哪个人前不说人？只要心胸坦荡，就能从容面对，受得了委屈才能造就勇者。

### 自我超越

人生达到一定的高度，往往就会停滞不前，就不再有当年的闯劲儿。只有能自我超越的人，才会不断扩展他们创造进取的能力。因此，我们应将自我超越当成一项历练、一项融入生命之中的活动。

### 承认自己的不足

真正的勇者首先应是智者，大勇的背后一定是大智。所谓"知人易，知己难"，我们很容易就能说出别人的缺点，但很少能正视自己。目空一切，注定会失败，我们应以一颗谦卑、质朴之心面对所有人。

综上所述，成为勇者并不是简单的事情，然而这个世界上也没有绝对不可能的事情。在大学中，我们有更多的机会去积累经验、历练自己、提升自己，慢慢地，我们就有可能成为上文提到的"勇者"了。但前提是，我们必须进入大学，而且要抱着在大学中大有斩获的心理，如此方可登高而呼。

 **应对挫折**

在大学生活中，每个人都不是一帆风顺的，总会遇到种种挫折，比如生活环境不适应，学习跟不上，考试成绩不理想，情感失落，专业不如意，等等。这些都会让身为大学生的我们产生挫折心理，甚至引起心理失衡和心理障碍，从而影响身心健康。因此，每个人都应该具有应对挫折的心理准备，这对于我们来说，无论是在心理保健还是在以后的人生道路上，都是极为重要的。

在大学生活方面，你也许会由于地区差异问题而感到自己与他人格格不入，从而导致你与同寝的室友不能融洽地生活在一起。比如，你是南方人，但考入的大学是北方的，而大学中的大部分学生都是北方人，那么就会在衣食住行方面有很大的区别。

南方天气热、潮湿，每天都要洗澡，北方天气冷、干燥，可能两三天洗一次，这会让你觉得其他人不讲卫生，而别人也可能

觉得你有洁癖，从而排斥你，使你在生活中受到挫折。这时，绝不能产生自卑感，也不能一味去和其他人敌对，要懂得反思。试想，如果一个北方人到南方去求学，是不是也会遇到同样的问题？因此，我们应该尽可能地适应不同地区、不同地域的生活习惯，如果适应不了，则要尊重其地方习俗。

在个人因素方面，大多数人都会受到挫折，表现在身体、容貌、健康状况、生理缺陷等方面。比如，在人际交往等社会活动中，可能由于长相平庸而处于劣势，往往在社交场合中容易被他人忽视，从而无法展示自己的才能，甚至正常交友也会受影响，这种现实使得自己很有挫败感。

事实上，人际交往，不应单单只看对方的外表，还要注重个人能力、对事物判断的相似度、需要的互补等，而应着重加强对其他方面的学习。我们不能因为外表平庸而感到自卑，我们要提高个人的知识修养、应变能力等。

我们也可能因为自己的身体条件，在参加一些公益活动时，被其他同学排斥，因为他们怕影响小组的业绩。这时的我们，可能会因为身体问题而怨天尤人、自暴自弃。不过，身体弱不代表能力弱，就像史蒂芬·威廉·霍金一样，他虽然身体瘫痪、无法说话，但是没有自暴自弃，反而更加努力，最终成为英国剑桥大学应用数学及理论物理学系的教授、当代最重要的广义相对论和宇宙论家，是当今享有国际盛誉的伟人之一。

还有一点，即可能因为个人性格问题，而受到他人的孤立和排斥。有的人性格暴躁，说不上几句话，还没有弄清楚是怎么回事，就与人争执起来；有的人性格懦弱，在处理事情时总是犹豫不决，从而导致错失良机或问题扩大化。久而久之，就会被他人排斥。这两种性格的人都是心理发展远没有成熟，带有一定的幼稚性、依赖性和冲动性。大学，正是磨炼心理素质最好的地方，它不是社会但类似于社会。在大学中，我们会遇到在社会现实中所遇到的问题，只要拥有成熟的心理，冷静地对待周边的事物，我们就能在不断的学习中，找到符合自身问题的解决方法。

在学习方面，可能是初入大学，我们会感到上课的节奏太快，难以适应，自己不再是老师目光的焦点，因为到处都是比自己优秀的人。有时参加社团会议，会发现自己思想不深、视野不宽，不再是群体的中心，或许，我们可能开始质疑以往的读书方式、学习习惯，甚至怀疑自己的专业选择和能力潜质，从而导致心理受到很大的挫折。其实，只有经历挫折，才能从挫折中学习，这是一个人从成长到成熟的必经之路，也是大学必修的重要环节。

摆正心态，正确认识挫折，对于一个人的发展至关重要。挫折是每个人成长过程中必须经历的，可以说，没有挫折就没有成长。因此，当我们遇到挫折的时候应该庆幸，因为这是上天给予我们成长的机会，我们需要的不是畏惧，而是感激，要摆正心态，从容面对挫折，让自己因此而历练得更加稳重、更加成熟，最终敢于面对一切困难。

以往，我们所受的教育大多是中规中矩、有标准答案的"教科书"式的教育，我们早已习惯于"被"教育。从某种意义上讲，作为知识的接受者，我们都是优秀的。而大学的功能主要是为学

生未来的发展打下基础，让我们走向成熟，为走向社会做好准备，它不仅是让我们学习知识，更重要的是使我们成为世界的创造者和建设者。大学教给我们的不再是唯一的答案，它教会我们懂得多样性和不确定性，让我们学会"自主"教育，只有懂得反思、学会坚守，才能在挫败中把握自我。

从挫折中，我们要寻找自信、挑战自我。挫败会让人丧失自信、迷失自我。在大学学习，是一个寻找和发现的过程，只有在挫败中发现自己的目标、找到自己的定位，才能找到自信。成功不取决于过去的成绩，也不依赖巧合，它来源于自我挑战，并在挑战中逐步成长。

从挫折中，我们更要挑战权威、塑造人格。在中考和高考的过程中，我们要依赖课本、相信权威，听从老师的各项安排，并在设定好的路线上努力学习，争取比别人走得更快、做得更好。到了大学，我们会听到很多精彩的学术讲座，接触到更多学术大师。学术的权威值得我们尊重，但尊重不是迷信和盲从，我们要学会思考，形成符合自己的逻辑思维及判断准则，要勇于质疑，敢于发现前人的局限，这样才能养成批判性思维的习惯，形成对世界本质的认知和判断，从而塑造独立的人格。因此，我们只有学会打破传统，练就敢于挑战权威的思想，才能让自己的进步与日俱增！

# 做兼职来历练自己

高中的时候，我们的时间被各种各样的事情填满了，学业、课外辅导、自修……我们几乎没有真正可供自己独立支配的时间，尤其到了高三，每当抬起头，前方的黑板，早已被白色的粉笔字写满了。中性笔总是很快被用光，演算纸也总是被很快换上新的。

当我们上了大学，时间变得相对充裕了。每个人只需要把自己的专业课学好就可以。再者，我们的学习压力也没有高三那么大，空余的时间也相对多了些。那么，面对多出来的这些时间，我们首先想到的是，我们该如何支配它们。

很多同学在上大学之初都充满雄心壮志，他们认真地听每一堂课，做每一个习题，每天三点一线，特别刻苦、认真。当然，谁也不能说他们不懂得享受大学生活，因为他们那样的做法也一样很值得肯定。我们能在开始就明白自己该努力的方向，然后认

真前行并且不断为之付出汗水，是非常值得鼓励和赞誉的。换句话说，如果在大学的课程完成后，还想在学业中继续深造，那么提前做好相应的准备是必不可少的。可是，我们在确定人生方向的同时，还有一些事情是我们要做的，起码是不能忽视的。

大学，相当于一个小社会，我们身在其中，只能顺其自然。很多同学在上大学时就已经有了赚钱的意识，但是又因为自己是学生，无法长期在某些工作岗位上工作，于是，在这样的情况下，很多学生往往会选择兼职工作。

对此，有些学生的观点是，只有那些家境不是很好的孩子才去做兼职，而那些家境相对富裕的同学则完全没那个必要。显然，这种观点是错误的。现在的学生，大多是独生子女，所以免不了会有些娇生惯养。这些孩子若能走出去，到社会上接触形形色色的人，那么对他们而言未尝不是一件好事，他们能学到很多在学校里学不到的东西。另外也可以通过做兼职这种方式来赚些零花钱，甚至可以自己缴学费。当然，这些也是因人而异，我们也应该正确看待。

值得一提的是，大多数成功者，无论他们本身的家境如何，他们一般会在成功前经历磨难。这就是成功的代价。对于我们大学生而言，最好的历练自己的方式无疑就是做兼职了。那么，做兼职到底能带给我们怎样的转变呢？

其实，兼职的方式有很多，大学生对此可以有很多不一样的选择。对于师范类的学生来说，可以选择在课余时间当家教或到补习学校工作；对于艺术专业的学生来说，会乐器的同学，可以

选择去教孩子们弹奏乐器。这么说来，是不是意味着那些非技术性专业的学生就没有工作的机会了？显然不是。

走出校园，来到大街小巷，细心的同学就会发现，其实现在到处都在招兼职。书店会招收银员、导购员，服装店也需要这样的人，甚至简单的，也可以到大街上去发传单……

我们经常会在宿舍的墙上看到招校园代理什么的，这其实就是一个做兼职的好机会。有不少同学选择去做代理，因为他们觉得，代理能让自己的口才变好，也能学会怎样更好地和别人交流。当然，做兼职能让我们收获的不止这些。

在兼职工作中，我们能够学到如何成功。我们唯有通过努力才能获得自己想要的一切。但是必须摆正心态，即做兼职并不丢脸，因为我们现在没有任何可以立足社会的能力，只有通过自己的努力，做出一些微小的改变，我们才可以使自己毫无遗憾地生活。

不过，有些同学在选择兼职工作的时候也存在一些问题。比如，他们在选择兼职工作的时候太草率，很轻易地做出一些决定，以致日后后悔不已。如今的我们，早已经或即将成年，所以一些必要的判断能力应是我们要具备的。很多学生就是因为缺乏这种对事情和人的基本判断能力，所以才上当受骗，最后导致"人财两空"。那么，什么样的兼职工作最容易让我们上当受骗呢？

首要的一点就是，不管怎样，除了去中介找兼职工作外，先让我们交钱的工作一定不要去做。在此我们也要注意，一定要找有较好信誉度的中介。那些差评比较多，又不能使我们信服的中

介，自然是不能相信的，即使给我们的条件无比诱人。

时下很多年轻人喜欢上网去找兼职工作，这样既简单又方便。可是，我们不得不提防的是，网上也有很多欺骗和犯罪。随着淘宝网的兴起，现在还流行一种兼职工作叫作"刷钻、刷信誉"。有些是真的，有些则是犯罪分子为了赚钱而设的骗局。那些骗子往往会让你准备好几百块钱作为流动资金，然后让你拍下指定的物品。很多人因为骗子承诺给的福利太好而心动不已。最后，只能落得被骗的结局。

在网上找兼职工作的过程中，一定要把握好自己，务必做到分清真伪、明辨是非。

当然，综合考量，做兼职的益处还是颇多的。我们要充分发挥自己的能力去工作，去热爱生活，只有这样，我们才能得到彻底的锻炼，得到更多的机会。

著名的石油大王亨利开始通过做兼职，给别人做零碎的工作最终获得了巨大的成功。当然，这一切都是因为他有着认真负责的态度，才得到了老板的赏识，从而致力于石油事业。当初那个不起眼儿的小伙子，在石油界一路前行。让人意想不到的是，沉默寡言的亨利不但成功了，而且越做越大。正是当初他能老老实实、本本分分地给别人做些零碎的工作，才得以历练自己，终于让自己的才华得到外显。亨利最终是成功的，成功的他拥有了一切他想要的。那么我们呢？

亨利只是一个代表，除了石油大王亨利，相信在这世上，还有千千万万个"亨利"。我们一定要不放弃，不气馁，而是要抓

住机会，勇往直前，做好自己，以便迎接我们最后的胜利。这是大学时代的我们通过做兼职可以获取的一份"隐藏力量"，之所以说是"隐藏力量"，是因为兼职未必每个人都可以做、都能做，或者说都想做。

 # 与英语成为朋友

在今天这个与国际接轨的时代，英语已经变得愈发重要。或者说，英语早已成为一门非常重要的通用语言，只是在今天越发凸显了重要性。

从上小学甚至更早的时候开始，就有了英语课，所以直到上大学，我们已经学了很多年的英语了。不过，这么多年的英语学习，却让很多人很盲目，因为他们更看重高分数——卷子上的满分，因为他们大多数人都带着家长和老师的期许，他们也认为，这就是全部。殊不知，学习从来都不是给别人学的，自己能力的提升才是关键所在。

英语如今受到的重视也越来越多了，很多幼儿英语补习班也随之成立。大家比较熟知的，也享有声誉的，有新东方、剑桥、

大桥等，还有很多考研英语，雅思、托福班等。平时我们在校园里，也会发现英语已经成为众多学子的突击目标。如果问为什么，回答肯定是三个字——很重要。因为重要，才学英语。但是，又有一个新的问题随之而来，回首过去这一路的英语学习，究竟我们学到了什么？难道只是为了卷子上的高分？这种高分真的就是我们将来进入社会的需要吗？

有一家报纸做过一个专访，对象是那些进入社会一两年的大学毕业生。专访的问题很独特，就是关于毕业后自己从事的工作与英语的相关度。结果让人很意外，甚至可以说是让人惊讶。大部分企业大多注重应聘者的英语能力如何。可是，那些有着高"英语学历"的应聘者一旦到了工作岗位，原来在大学里得到的英语证书，都变得苍白无力。最终的结局让人很无奈，即只要谁能更熟练地用英语交流，谁就更有机会胜任更高一等的职位。

当我们真正步入社会时，我们必须知道，英语的重要性不仅体现在笔头上，还应该有口头的输出。我们如果只注重书面而不去理会如何说出来，那么可以想象，就英语而言，我们将来在社会上将很难有更进一步的提升。

英语也是特殊的，和其他科目不同。文科柔情，理科理性，而英语，是介于理性和柔情之间的科目。学习英语，既需要我们善于应用我们文科的思维，又需要我们的理性思维。当我们想要表达某些想法的时候，首先必须做的是，在我们的脑海中组成有序的思路。

英语和汉语本来就是两种不同的语言，所以多多少少我们在

说这两种语言的时候，会有语言过度的转化。这个时候，就需要我们的理性思维帮助我们思考、分析，当我们想要修饰所说的内容时，早先积累的文学素养就帮到了我们，通过语文功底，我们说出的句子会更具美感。

不过，无论如何修饰句子，说才是关键，英语需要我们大声说出来。众所周知，李阳作为疯狂英语的创始人而闻名全国。他始终有着这样一种信念，那就是，英语是要大声地说出来的，甚至充斥着些许情绪而发泄出来。因为只有大声地宣泄出自己的情绪，英语的味道才能慢慢体现出来，我们才会有一种"英语式"的语感。然而，并不是所有人都能领悟这样的英语理念。

经过时间的考验，疯狂英语终于为大众所熟知，李阳这个名字也为人所熟知。在这之中，还有一小段趣谈。

李阳读大学时，他的专业并不是英语。可是，为了达到学校硬性的指标，他开始勤奋地学习英语。当时学校规定，学生必须过英语四级。起初，他英语学得并不是很好。学英语的人知道，英语最为重要的就是记单词，这也是英语中最为痛苦和漫长的一个过程。

李阳在学习初期，并不能很好地记住单词。幸运的是，他随后发现，如果把单词或者句子以一种大声朗读出来的方式表现出来，而不是机械地在纸上写写画画，效率会高得多。发现了这种方法之后，李阳开始转换自己的学习思路。

经过一段时间的实践之后，他惊喜地发现，自己果真有了变化。随后，李阳把自己的这种学习英语的方式介绍到全国各地，

以便让更多的人能享受到英语学习的乐趣。当然，那个时候，李阳已经深深地爱上了英语。

事实上，英语是"迷人"的。它的迷人体现的不仅仅是它背后所蕴藏的文化，而是那种与汉语不一样的、全新的发音和书写方式。李阳的疯狂英语，它的最大价值，是为大家展示了英语的迷人之处，然后让人能真正地陷入其中而已。

让我们大声地说出那些句子和单词，只有这样，英语才能与我们成为朋友。

# 学习是一个变学为用的过程

　　进入大学后，我们要学的东西和高中截然不同。大学学习的东西会更加社会化，也更贴近实际生活。我们所选的专业，就是我们在日后工作中要用到的东西。我们现在之所以会学习这些专业知识，无非是为了以后的"致用"。

　　众所周知，但凡有些成就的人物，无一不是经历过刻苦、努力学习而取得成功的，一如古语中所说的那样：守得云开见月明。在小学时代，"学习"这样的字眼儿对我们来说是模糊的。我们每天只想着要提高自己的成绩，那个时候，学习是简单的，是纯粹的。

　　再大一点儿，我们迎来了初中。为了能考上好的高中，大家紧张而有序地学习。终于，在那个烈日炎炎的暑期，我们告别了

初中三年的生活，迈进了高中的门槛。

上了高中，要学的知识一下子变得多起来，而青春的那些迷茫、彷徨也一下子扑面而来。可是，就在这样的迷茫中，面对着桌子上铺开的卷子、习题、练习册，谜样的问号一下子充斥了我们的大脑。我们为了什么而学习？很多人对此都毫无头绪。甚至很多人究其一生都在询问自己，究竟学习的意义是什么？

其实，我们大可不必为这些无用的问题而烦恼。放下书本，走出校园，我们就会发现，其实在我们这些年轻的生命中，不应该充斥着迷茫。甚至有时候，我们觉得学习带给我们的只有那些副作用：痛苦、比较、成绩……可是，只要我们再往前走一步，再坚持一下，只需要一眨眼的距离，我们就会惊喜地发现学习给予我们的快乐，还有将知识应用于现实生活中的智慧和力量。

学习是一个将知识积少成多的过程。正是因为学习的本质是慢慢积累，所以我们看到的大多只是表象。或许有些同学会抱怨、会丧失勇气，因为目前不管怎样，他们掌握的知识是无法在生活中发挥作用的。但在这个时候放弃的话，未免太遗憾了。

"量变引起质变"是一个人所共知的事实。起初，可能只是一个小小的分子，可一点点地，它慢慢聚集了更多的能量，到了最后，就形成了一种我们从未看过的神奇"景象"。好比在夏日的夜晚漫步于小树林中，我们就会发现，树林中开始还只是星星点点的绿色光点，慢慢地越聚越多，越来越亮。到了最后，我们便会惊奇地发现，那些绿色的、发着光的亮点最终竟能汇聚到一起，那种亮度，恍若白日。当然，我们对此并不陌生，那些小精

灵就是萤火虫。学习就如同萤火虫，只有努力再努力，一点点地聚集我们的能量、我们的知识，我们的人生路才能变得明亮。

学习亦是一个变学为用的过程。古时打仗，那些兵法家都是在战时一边研究古书，习读各种兵法，针对当时的形势，来运用一系列战术的。由此可以看出，学习是一种输入，但不是其根本。对我们来说，最重要的是如何输出。

我们要知道，输入展现的是我们的掌握能力，而我们真正要做的，却是实现它的价值，以便我们之前的输入更加有意义。就像战时的那些将军，他们研究兵法，不过是为了更好地结束战斗，这也正如我们只是为了能学以致用罢了。

当我们步入社会，就会发现，最为幸福的事情不过就是我们找到了一份我们能依靠，并且在大学所学的专业可以与之对应的工作。也许有人觉得无所谓，因为即使我们找到的不是与专业相对应的工作，我们依旧可以生活，照样可以养活自己。可是，我们不只是要这样的现实，我们要得更多。

我们为什么工作？工作，房子，还是前途？其实这些只是工作的一部分，我们真正要的，是实现我们的人生价值。是的！我们之所以走上工作岗位，不过是为了能更好地证明自己。

记得曾经学过一篇课文，其中阐述了千里马与伯乐的关系。相信我们对此并不陌生，可是那时学这篇课文的我们，也只是知道些许，而不了解全部的深意。直到现在，步入社会，我们才终于明白自己要做的正是千里马。做好自己，勇于拼搏，最终不就是为了得到伯乐的赏识，而实现自己的价值吗？

 # 做比说更有意义

　　如果一个人的大学生活仅仅在校园中度过，那么他的青春必定会留下某些遗憾。这样的大学生活也是不成功的。

　　大学生活的自由性，决定了除课程时间外的一切时间可以由大学生自由、随意地支配。如此一来，时间的自由性，就决定了大学生活的价值度。

　　所谓价值度，即大学生利用自由时间为自己创造的可见或非可见的利益。可见的，就是利用自由时间考取更多日后步入社会后可用的各种证书，这些证件为步入社会带有一定的"含金量"。非可见的利益在某种意义上说，可能会为我们每个人的人生带来更长远的作用。

　　简单来说，个人素质的提升，需要一个长期的过程，在大学

四年的学习、生活中，注重修养积累的人，在参加工作后，很容易给用人单位留下更好、更深的印象。不过，在大学期间，却未见得会有什么实质性的收获。如此一来，这种非可见的利益，对很多大学生显然没有吸引力。值得一提的是，总有些人会在不知不觉中体会到它的好处，这也是很多大学生一毕业，就能进入很好的用人单位的根本原因。

很多人考虑到"口才是人际交往的关键"，就参加辩论社苦练口才，苦练辩论能力。在辩论赛上，总是寄希望于在最短的时间内找到对手的漏洞，将对手击垮。这样的学生在平常的学习、生活中，也会渐渐在语言上养成"攻击性"的习惯。这样反倒本末倒置，把练就口才的终极目的忘了。

事实上，说得好不如做得好。学校的辩论赛，只能让你感觉自己的青春得以释放，情绪得以宣泄，究竟是否会在提升自身技能上有帮助，其中的平衡点是不容易把握的。因此，这种说，远不如"做"。那么，该"做"什么呢？

走出校园是第一步，也是最重要的一步。

大学本身就是历练社会本领的地方，所学的知识也会在未来的社会中得以应用。因此，走出校园，设法锻炼自己的社会能力，是极为关键的。

公益性组织对大学生来说是最佳选择，在那里，不索取回报的义务性工作，可以慢慢培养淡泊的心理。不要以为这种"只干活，不赚钱"的事情会让你吃大亏，其实恰恰相反，在大学这个特殊时段内，就不应该为了利益去做事，这样才能让我们淡化金

钱意识，以免进入社会后，成为功利的奴隶。

值得一提的是，往往忽视利益而重视内在提升的结果，便是让人具备更强的社会能力。

在大学生活里，光说不练是"假把式"。究竟什么是"说"，什么是"做"，究竟怎么做，做什么，这便"仁者见仁，智者见智"了。不过无论你的选择与周围人存在多大的差异性，有一点是相通的，即做了永远比只说更有意义，也更能锻炼自己，让自己获得更大的技能提升。

# 来到理想的大学

选择了宁静，也就选择了孤独；选择了机遇，也就选择了风险；选择了高山，也就选择了坎坷；选择了高中，也就选择了拼搏。

大海惧怕沉寂，所以澎湃；江河惧怕冷漠，所以滔滔；我惧怕平庸，所以追求卓越。或许我不能成为照亮夜空的星星，但我可以扮演一回竞技场上不倒的勇士。花开不败，我坚信！

泰戈尔对生命的美丽曾这样诠释："天空中没有留下鸟的痕迹，但它已飞过。"岳飞以"三十功名尘与土，八千里路云和月"来总结自己的一生，我们为了心中的象牙塔，以"路漫漫其修远兮，吾将上下而求索"来探索生命的真谛。

经过18年的积淀，经过12年的学习，当高考过后，剩下短短一个月就是等待。朋友说，等待的生活像杯茶：初时，淡而无

味；久之，浓而苦涩；尽饮之后，才慢慢品味出其中淡淡的甘甜。一个个美丽的梦想像海上的一座座灯塔，指引着我们前进的航程，照亮着我们的心灵，叩问着我们的心灵。

从出生到现在，跌跌撞撞地走过了 18 年的历程。在这 18 年的生命里，有的人道路崎岖，走得艰辛；有的人一路平坦，走得顺利。不管怎样，大家殊途同归，最终都来到了心中的象牙塔，进入了大学。

学好专业知识，充实自己，展现自己，展现青春，放飞梦想。美丽的象牙塔，会让你不虚此行。

首先，要迅速适应大学生活，全身心地融入大学的生活、学习节奏中。好的开始是成功的一半，在大学生活初期，形成一个良好的习惯。毕竟从高考结束到拿着录取通知书来报到，我们在这期间，已经休息了好几个月，近百日毫无规律的安逸生活，可能让我们的神经已经高度松弛了，懒散惯了的我们，必须迅速调整自己的身心，尽快进入状态。在新生活刚刚开始的时候，养成一个科学的作息习惯，在自己有限的时间里，合理安排好学习、运动、休闲等各种活动。以良好的心态和习惯，适应象牙塔的生活。

学校为我们提供的各种各样的资源，一定要充分利用起来。比如图书馆，在阅读面上要扩大自己的涉猎范围，使其尽量广泛一些，从而培养自己的阅读兴趣和阅读品味。腹有诗书气自华，书卷气会为大学生活以及以后的人生增色。

努力创造条件多与学校的老师交流，尤其是自己感兴趣的那个专业的名师，无论是否给你上课，即使与你的专业无关，

只要他的学识或人品有你感兴趣或佩服的地方，与他们交流终会有所获。

经常到各个运动场活动，如打篮球、踢足球等，跑跑跳跳，用一下运动器械，健康的体魄是你实现人生抱负的根基。便捷的网络、各专业实验室、社团活动、高水平讲座等，都要充分利用起来。

进行广泛的社交活动，培养自己的社交能力。不要把眼光局限在自己的宿舍或班级，也不要局限于同龄人，各个阶层、各个年龄段的人，你都要尝试着去交流。和与自己志趣相投的挚友交往，可以经常进行学术意义上的辩论，使自己的专业素养在不知不觉中提高。广泛的社会圈子则会开阔你的眼界，并培养你与不同阶层和类型的人的交往能力。交流才会碰撞出更多的思想火花，交流才能使你进步更快。

不断地尝试，向自己的极限挑战，不要害怕失败，不要怕被人嘲笑，年轻人犯了错误还有改正的机会，如果不尝试永远都不会知道对错。全面提高自己的素质，培养独立思考和自学的能力。对待事物，要有自己的看法，不人云亦云，独立思考的能力和习惯会成就你的精彩人生。

培养兴趣，找到并发展自己的专业方向。学分制给了你一年的时间去发现自己的兴趣，对自己进行综合分析，就自己感兴趣的方向进行定向培养，至少在一个学科上要钻得深一些。

走过花季，走过雨季，还走过了黑色的 6 月，走进了我们心中的象牙塔——大学校园，这一路走来有过多少不易与艰辛，莘

莘学子的心里都清楚得很。不论你的过去、你的背景怎样，你进来了，就和所有同学站在同一条起跑线上。大学的几年光阴，将直接决定你未来的命运，关键在于你如何经营你的大学生活，在你毕业的时候你能直接看到精心经营背后的直接效益——物有所值还是物超所值，抑或是一文不值。

# 大学是实现梦想的摇篮

大学，是人生的一次升华；大学，是实现梦想的摇篮；大学，是从学生时代到工作阶段的一个过渡。其实，在大学并不只是获取文化知识，大学还会让我们初步了解社会，它是适应社会环境的重要阶段。大学，是我们在实现梦想前获取能量、积累资源的最重要的时期。它可以扩展人际交往圈，这将是人生当中的宝贵财富，它也是进入社会的一个重要凭证。

大学是一个充满生机和梦想的地方，这里汇聚了来自不同地域的同学，他们有着不同的生活习惯和思维方式，为了共同的目标及各自的梦想走到一起。大学是锻炼自主思维能力的重要场所。

梦想只有通过艰苦奋斗才能实现，而奋斗则是通向梦想的桥梁。

每个人在青年时代都有自己的梦想。如果不去积累知识，不经过努力奋斗，那么梦想永远只会是梦想，绝不可能实现。大家一定听过"蜀鄙二僧朝南海"的故事。

有一个穷和尚和一个富和尚，他们都立志要去南海，最终穷和尚只凭一瓶一钵就到达了南海。而富和尚只是想象，觉得到南海并不是一件难事，但他并不敢去实践。这个故事告诉我们"天下事为之则易，不为则难"的道理，心动不如行动，只要肯努力，永远不会太迟。

让我们马上行动起来，在大学的每一分每一秒，我们都不要停歇，要抓紧一切时间去获取知识，为实现梦想而积累资源。不论做什么事情，只要敢于行动，那么你就成功了一半。演讲大师齐格勒曾说过这么一段富有哲理的话："世界上牵引力最大的火车头停在铁轨上，为了防止车头滑动，只需要在八个驱动轮的前面各塞一块一寸见方的木块，这个庞然大物就无法动弹。然而，一旦火车头开始启动，这小小的木块就再也挡不住它了；当时速达到 100 公里时，一堵 5 英尺厚的钢筋混凝土墙也无法抵挡它前进的步伐。从几块小木块就可令其无法动弹，到能撞穿一堵钢筋混凝土墙，火车头的威力变得如此巨大，原因就在于它'动'起来了。"

其实，人的潜在威力是十分巨大的，只要肯奋斗，许多令人难以想象的障碍都会被轻松地克服。奋斗是万事之父，不论做什么事情，只要肯努力、奋斗，是没有完不成的。要实现梦想，要成就一番事业，就必须一心一意地做，不要浪费任何时间。

学习犹如逆水行舟，不进则退，在湍急的河流中不能停留片刻，稍有松弛就会被河水冲入下游。要想前进，就必须有奋斗搏击的精神，要想力争上游，就必须为梦想而奋进。

知识是我们实现梦想的根基，没有知识就谈不上梦想，而奋斗是实现梦想的必要条件，勤奋是梦想的协奏曲，大学则是实现梦想的舞台。在大学，我们要为自己的梦想而奋斗，刻苦地学习专业知识，将自己优秀的一面展示出来。

要想实现梦想，就必须有奋斗之心、求知之心和惜时之心。

时间转瞬即逝，是无法倒流的，时间就是黄金，就是生命，它是一切梦想与成功的条件。时间就好像是一条金色的河流，悄悄地从我们身边流过。懒惰的人只会躺在河边睡觉，到头来一无所得；勤奋的人则会天天到河中淘金，最终赢得惊人的财富。因此，争分夺秒的重要意义，只有那些要实现梦想的人才能更深入地了解，他们每天都充满了紧迫感，时刻都在与时间赛跑，都在不断拼搏，享乐对他们而言更像是一种惩罚。

我们在大学时期，要将更多的时间投入到学习之中，时间是我们的全部，谁都不愿浪费时间无所作为，一下子就到达生命的尽头。在大学追求梦想时，我们不能将希望置于明天，而应该把握今天，唯有在今天努力实现梦想，梦想才真的可能成为现实。

大学是人生的转折点。在这里，可以肆意挥洒你的青春，也可以尽情勾勒心中的图景。大学是创造的园地，也是实现梦想的摇篮。你无须觉得自己的梦想微不足道，难以启齿，也不用害怕自己追求梦想的路途太遥远。只要有梦想，就勇敢去追逐，哪怕

在追逐梦想的过程中遇到困难、迷茫、失落、伤害，也要意志坚决、永不放弃，一步步去圆心中的梦。

大学也是一个包容的地方。当你犯错时，它会给你改正错误的机会，给予你成长的平台，给你展示才华的机会。在大学里，辅导员、老师、同学、朋友都会是你坚强的后盾，给予你支持与鼓励。大学是人生的基点，是梦的伊甸园，是放飞梦想的地方。在校园里，有许多能实现自我梦想的地方——小至鼓起勇气参加某项比赛，圆了自己登台的梦想，大至走出校门，自主创业。

大学还给我们提供了丰富的资源，如知识、人际关系、自主思维能力等，对于这些，我们要学会物尽其用。不仅要在思想上逐渐成熟，还要形成自己独立的人格，把自己打造成自尊、自爱、独立、自主，具有创造性的人才，更重要的是，要一直坚持心中的梦想。

简单来说，要实现梦想，就必须具有"三心"：其一是信心。要坚信自己的梦想能够实现，相信自己有能力去实现梦想。其二是恒心。做任何事情如果不能持之以恒，最终的结果都会是失败。古人说："人能持之以恒，天下无事不成。"对于梦想，更是如此。其三是决心。实现梦想的道路是坎坷的，要想取得成功，决心必不可少。我们要坚定地向梦想前行，不要犹豫，不要胆怯，不要等待，无论岁月给我们留下了多少遗憾，无论事实在我们胸口划过多少道伤痕，只要我们还有呼吸的权利，就要坚定自己的信念，勇敢地走下去。

# 和大学相约

　　静静地坐在大学里，尽情地享受与大学的约会。和大学相约，是为了汲取营养，蓄积搏击的力量，使我们深深感受作为一个强者需要振作、成熟、坚强、超脱的魅力。"我与大学有个约会"，这是一个不曾约定的约会，它给我更多的是前进的动力。

　　我们每个人在小的时候都会幻想进入自己理想中的大学，都会想象进入大学后的生活，想象自己理想中大学的样子，并为了这一目标而不懈努力。当我们克服种种困难，真的进入想象中的大学时，我们会怎样来完成这个约会呢？

　　初入大学时，由于生活环境和学习环境发生了巨大变化，许多大一新生一时难以适应各种角色的转换，心理出现较大波动，会产生各种彷徨和无奈，导致大学初期有一段时间会感到迷茫，

严重者会迷失自己。

### 目标实现后的迷茫

有很多人在进入大学后不知道自己应该做什么，总是觉得进入大学后就完成了人生中的目标，并没有给自己的未来设定目标。其原因主要来自三个方面：一是在进入大学后，没有对自己的未来进行合理规划；二是随着社会经济的高度发展，就业越来越困难，使大多数人还没有走出校园就已经感到就业压力；三是大学内缺乏适当的竞争，使他们产生了懈怠情绪。

在高中的时候，能不能进入大学，进入怎样的一所大学，成为考量一个学生是否优秀的重要标准，因此那时候他们都拼尽全力，生怕"一失足成千古恨"。当成功进入大学后，他们却一下子失去了目标。过分安逸的学习环境，使得学生"闲"了下来，没有了目标，做事缺乏动力。

### 与理想境界不符

进入大学后，幻想中的大学生活与现实环境发生了很大的冲突。在高中时代，对大学生活的了解主要是通过书本或各种传播媒介，这样难免会对大学的期望值过高，抱有各种不切实际的幻想。进入大学后，这种理想与现实的差距不可避免地会造成新生们的失落感。

### 教学方式的不适应

高中时代主要是由老师主导学生学习的节奏，学生每天的学习时间都会被动地被排满，只要按部就班地做就行了。进入大学后，在学习上更多的时间由自己支配，没有强制性的作业和学习

计划，一切都由自己安排。

另外，有些课程很难激发起学生的学习兴趣，有些学生不去上课，不利用这些时间去做自己感兴趣的事情，只有在期末考试时，为了能及格，才在考前几天临时抱佛脚。

**人际关系的失衡**

在大学，新生进行交流时，常会不自觉地拿高中时的好友来进行比较，从而阻碍了相互间的沟通和交流。

在高中阶段，考上一所理想的大学是所有高中生最主要的目标。在同一目标下，找到志同道合的朋友是很容易的。进入大学后，每个人的目标和理想都会有很大的差别，要找到同一志向的朋友，还需要较长时间地交流。

另外，大学同学都是来自不同地方、有着不同生活背景的人，他们共同学习，共同生活，有时不可避免地会有一些摩擦或不习惯之处，很容易产生矛盾，导致人际关系的失衡。

**自我认知的矛盾**

很多大学新生，尤其是考入名牌大学的新生，在高中阶段都是班级或是学校的佼佼者，受到老师的青睐、同学的羡慕，他们成为同龄人中的"人才"，无形中可能会产生某种过高的自我评价。进入大学后，在这里聚集了来自全国各地成绩优异的人才，相比较之下，会有很多新生发现自己有很多地方不如别人，这一突然变化会使很多新生难以接受。

事实上，这些来自客观环境变化导致的不适应，几乎是所有人都要经历的，没有什么大不了。青春的我们，与大学的约会应

该浪漫且充满激情，要以"不变应万变"之心面对大学，如此，大学带给我们的才会是美好的回忆，也会使我们的社会能力得到提升，让我们不至于产生消极和负面的情绪。

# 军训让我们脱胎换骨

在我们走进大学校园的第一天，就必须突破第一个难关——军训，它是每个大学生必须上的第一课。作为新时代的天之骄子，我们背负着振兴祖国的使命，因此，只有拥有强健的体魄、坚强的意志、严格的纪律，才能出色地完成这一神圣的使命。通过军训，可以锻炼我们的意志和品质、提高组织纪律性等。军训能帮助我们改变自己。

一般的军训，内容包括队列训练、战术训练、射击训练和理论讲座。队列训练是作为一个军人必须做好的。其中，军姿应该是队列训练里最基本的一项。两脚跟并拢，脚尖分开约 60 度，两腿挺直夹紧，收臀，小腹微收，挺胸抬头，收下颚，挺颈，两眼平视远方；两手自然下垂，五指并拢，食指贴于裤缝。这个动

作看似简单，但是要做得标准且坚持很长时间，就不是容易的事情了。站得时间一长，人就会觉得异常地累和苦。

军训过程的确是很苦很累的，但这是一种人生体验，是战胜自我、身体和意志双重锻炼的最佳时机。特别是在炎热的夏天，太阳好像要用尽全部的光和热融化这片天地，整个操场就像一个蒸笼，我们在这样的环境下纹丝不动地站军姿，不厌其烦地练习着枯燥而烦琐的动作，汗水像雨水，顺势直下。衣服湿了又干，干了又湿，留下一圈又一圈的汗渍，汗水沿着脸颊一滴又一滴地滑下。

站军姿是最难的，每天都要站四十多分钟。在这段时间，我们都会一遍一遍地告诫自己：我能行，我一定会坚持到最后。每次站完，虽然脖子很酸、脚很痛，但是心里却非常高兴，因为我们又一次战胜了自己。

立正、稍息、下蹲、摆臂、踏步，这些基本动作我们每天都要反复地做。平时看这些动作特别简单，而此刻做起来却没那么容易了。教官对动作的标准性要求得非常严格，对学员们也充满很高的期望值。在军训时，如果有一个人没有做好，教官就接二连三地强化训练，直到大家动作完全协调一致，符合标准。

这需要大家有一种团队精神，如果有一人做得不好，就是整个班做得不好。没有我们每个人的努力，就不可能有一个完整的、高质量的方队。训练的每一个动作，都让我们深深地体会到了团结、合作的力量以及团队精神的重要性。

当我们把自己融入一个大集体时，个人的得失就显得微不足

道，显现出的是一个团队的作用和力量。如果没有这种集体意识和集体荣誉感，军训的效果也不会好。

几番磨炼，让自己变得更加顽强。军训磨炼了我们的意志，增强了我们的体魄，培养了我们不怕苦、不怕累的精神。日后的人生中，我们也缺少不了这样的精神。

在军训中，我们苦过也乐过，笑过也哭过，当我们回过头来，再看看我们这一路是如何走来的，心中又莫名地升起一种不舍，再也不是刚开始的厌倦，因为见到彩虹后，才会珍惜风雨中的磨难。

在军训的这段时间里，在生活方面也让我们学会了很多东西。在学校，每件事情都要自己去做，特别是军训过程中，会对各班进行定期的内务检查，检查内容包括被子是否折叠到位、有棱有角、整齐平顺，洗漱用品、餐具是否放置统一，室内卫生、室外卫生是否整洁、不留死角等。这些生活中的琐事平时都是由父母去做的，在我们眼中可能不算什么，但是如果真让我们每天都去做，还要做好，就不是一件容易的事了，它需要持之以恒的心态，这也是对我们心智的一种磨炼。

军训，让我们学会了许多东西；军训，为我们成为一名合格的大学生打下了坚实的基础，为我们成为合格的人才提供了强大的动力。它只是我们人生中的一段小插曲，却让我们受益终生，我们会永远珍藏这段美好的经历。

军训让我们脱胎换骨，给我们足够的力量，让一个个温室的花朵有信心去独立迎接大学生活中的大风大浪！

 # 制定大学规划

考上大学后，很多大学新生都认为自己终于从残酷的高中生活中走了出来，以后的生活就可以高枕无忧了，可以在大学中将高中没有做的、不敢做的事情都尝试一下，好好享受一下人生。事实上，从常规意义上讲，这种心态没错，只是这会让我们容易产生松懈、浮躁的心理，导致学习动力不足、缺乏自我控制能力。

高中阶段由于学习压力过大，很多同学把全部精力都用在学习上，真可谓"两耳不闻窗外事，一心只读圣贤书"，这导致缺乏特长、兴趣狭窄，一旦进入大学，就想补偿回来，继而把主要精力都放在各种各样的兴趣爱好上，从而逐渐忽略了学习。

在高中阶段，学习时间高度密集，是被动型管理，大学学习则是自主管理，很多人在这两个阶段的转变中，一时难以适应，

找不到适合自己的学习方式。因此，摆在新生面前的首要问题，就是怎样进入主动学习的状态，尽快制订适合自己的学习计划。

大学是寻求知识、快速走入社会的桥梁，它需要我们积极主动地挖掘知识、研究学问，培养自我分析问题、解决问题的能力。古谚云："师父领进门，修行在个人。"在大学，我们不但要消化理解课堂上的学习内容，还要学会举一反三，要多运用图书馆和互联网去获取大量信息，并阅读相关书籍和文献资料。遇到难题时不要一味地去获取答案，要学会与同学互相协作探讨，因为这种自学能力的高低直接影响学习成绩。

在此，有一点值得注意，即我们不妨在自我能力承受范围内，多学习一些将来对进入社会有帮助的外系课程，如社交、法律、摄影、口才、投资等，以拓宽自己的眼界。在走上工作岗位后，我们就会发觉这些知识是非常实用的。而一旦走出校门，就再也没有大量时间去利用这样的免费资源了。

成功只属于有准备的人。在进入大学后，应尽早确立远期发展目标以及阶段性目标，应适当结合个人的兴趣爱好、思维方式、知识结构、拼搏精神等多方面全面考量，制订并不断完善大学4年的学习规划，为进入社会打下坚实的基础。

所谓大学规划，主要是生活方面和学习方面的规划。

生活方面：

要制订良好的生活起居计划，每天要按时起床，进行适当的晨练，作为一个优秀的、有远大抱负的人，没有一个好的身体，一切都是空谈。晚上要按时睡觉，不要因为玩乐而耽误第二天的学习，杜绝沉迷网络游戏和小说，这是危害大学生最大的两个因素。很多优秀人才就是因为它们而沉沦并一蹶不振。沉迷于此，会使自己丧失理想和道德，长此以往，我们看到的都是一些残酷、无情、自私、冷漠的人，这极易造成有些人道德缺失、法律意识淡薄、人性扭曲，甚至因此走上犯罪的道路。

恋爱是大学生活中不可缺少的部分，但我们这一时期应尽量保持一个尺度，不要因为过多的"卿卿我我"而耽误学业，辜负父母对我们的期望。

大学期间谈恋爱的人大致有两种：一种是确实发现对方与自己比较合适，于是开始一段感情生活；还有一种是出于盲目心理，为了满足一下暂时的虚荣心，随便找一个。

大学生谈恋爱，其实只是一门选修课，更重要的是要以什么样的态度去上这门课。没有端正的态度，根本就不配上课；有了正确的态度，也不见得能顺利毕业。在恋爱之前，我们一定要明确这门选修课是否真的适合我们。

学习方面：

大一，首先在观念上将被动管理变为主动管理，脚踏实地，学好基础课程，特别是英语和计算机。在大规划下要有阶段性目标。比如说英语，如果原定计划要在大二下学期进行英语四级考试，就要计划好每天应记的单词量以及口语练习时间，从大一开始就坚定不移地学下去。此外，可根据自己的实际情况考虑是否修读双学位或辅修第二专业，同时尽早做好资料准备。可适当参加一些社团活动，担任一定的职务，这有助于提高自己的组织能

力和交流技巧，为毕业后求职面试打下基础。

大二，在这一年里，既要学好基础，又要做好由基础课向专业课过渡的准备，并把一些重要的高年级课程浏览一下，以便向大三平稳过渡。这一年，手中应握有一两张有分量的英语和计算机等级证书，并适当选读其他专业的课程，丰富自己的知识，拓宽自己的眼界。可参加有益的社会实践，如义工活动，也可尝试到与自己专业相关的单位兼职，多体验不同层次的社会生活，培养自己的吃苦精神和社会责任感。

大三，加深专业课程的学习，并尽可能将大四的课程挤入大三这一学期，以便大四有更多的时间求职或考研。对于大多数同学来说，大三是进入社会的前期准备阶段，因而要多向大四的师兄、师姐打听求职信息、面试技巧和职场需求等，请教写求职信、个人简历的经验，并在假期开始为自己心目中的职业进行实践。准备考研或出国留学的同学，则要关注考试资讯，尽可能多渠道地搜罗各种资料。

大四，根据自身的专业及爱好，编写个人求职材料，参加招聘活动，多到人才市场或一些求职网站、论坛中转一转，很可能会找到满意的工作。考研和出国的同学，此刻就是最后的冲刺期，加倍努力，争取把目标拿下。

在大学四年里，从未对自己的未来关切过、思索过甚至从未计划过的人，对未来必定茫然无措。只有随时准备出击，并付诸行动的人，才能得到成功的青睐。

 # 兴趣是走向目标的第一动力

兴趣，是我们朝着目标奋进的第一动力。

兴趣不仅在我们的学习中体现，也可以在工作中体现出来。或者可以这样说，兴趣是源于我们对自己的喜好的一种追求。兴趣的体现多种多样，好的兴趣可以让我们与众不同。

在学习中，发现自己的兴趣所在，会使我们变得积极、热情，乐于寻找各种方法去解决种种难题，可使我们事半功倍。这就是学习兴趣。

在工作中，我们一马当先，情绪高涨，全身心投入到布置的工作中，而且最重要的是，我们热爱自己的工作。这就是工作热情。

在生活中，你喜欢音乐，他热爱体育。你听到自己喜欢的歌星唱歌就忍不住高兴，忍不住随声附和；而他每场比赛必看，在

别的运动员比赛时，他更是兴奋不已，激动得难以克制。这种追求和热情，就是源于最初的兴趣。

总之，兴趣的意义是丰富多彩的。如今，关于兴趣的衍生也非常多。现在有一个特别流行的词语，叫作"控"。喜欢音乐的人，就有了一个新名词，他们被称为"音乐控"；喜欢体育的，自然是"体育控"了。对歌星狂热崇拜的人，可以称自己为"歌迷"。这些有意思的词语，都源于我们的生活中，追其根本，不过就是两个字——兴趣。

可以发现，对某种事物有兴趣的人往往会比其他人更易获得成功，正所谓"术业有专攻"。那么，什么是"专攻"呢？从字面上看，"专攻"意味着更为专业和专注。其实，"专攻"也源自于兴趣。因为你只有对一件事情产生兴趣了，才能够做得更好。这就是为什么现在找工作的时候很多老板要求员工一定要热爱这份他们在做的工作，因为只有兴趣才能产生更大的能量。

在大学，兴趣同样不可或缺。首先，它体现在学习上。

有些同学会有些许偏科。有的觉得英语枯燥无味，而还有些同学则讨厌数学。这些现象，究其原因，还不是因为对科目本身没有兴趣？针对这一现象，那些偏科的同学可以试着先慢慢开始多和自己不喜欢的学科打交道。曾有一个班，班里大多数是男生，而男生的英语成绩相对于女生较为吃力。因此，他们的英语老师便戏称：你们就把英语看成女孩子，你们想学好英语，就跟她谈恋爱！

虽是语出惊人，不过我们不得不承认老师是对的。我们也只有先爱上英语，才能学好。对偏科的同学亦然。可以先试图发现自己的兴趣点是否在自己擅长的学科上，而后找到一个能够平衡自己的地方，接着一点点逐个突破。这样一来，相信我们定能在自己本不擅长的学科上收到意想不到的效果。

当然，大学并不意味着全是学习。在大学里，我们也要学着去享受，去放松。更重要的是，我们还要学着去分配我们的时间。

刚上大学的学生，或许会觉得自己迷茫。未来的路还那么长，因此他们中只会有很少一部分人才去想自己到底该怎样做，该做什么，这是很正常的。在我们刚上大学的时候，谁都会有一小段的空白期。但是在这段空白期，我们一定要善于发现自己的长处，然后细心培养，让它加以成长。

在学习之外的课余时间里，我们可以去运动。运动是最好的宣泄和保持健康的方法。不仅如此，许多男孩子还把它作为一种爱好并沉溺于其中。

有些女生在课余时间喜欢上上网、听听歌；有些女生则更爱上街购物；还有些女生爱看电影……这些都好，只要我们还有兴趣，就不用担心我们的热情会消失。生活中若失去了兴趣，那种空虚感是难以想象的。原因在于，兴趣不仅是兴趣本身，还是热情的来源。为此，我们要做一个精力旺盛、有着多样兴趣的人。只有这样，在大学，我们才能找到继续坚持下去的动力，也只有这样，我们才能知道自己在哪些方面更擅长，这是为日后步入社会打下坚实基础的关键。

兴趣是最好的老师。如果我们对什么事情充满兴趣时，一定

会做得更好。但凡我们学得好的科目，大多是我们对其很感兴趣的科目。在大学里，我们更要正视自己的兴趣，发现自己的兴趣，并逐步向有益的方面发展它。

有了最基本的兴趣，我们才有接纳、吸收的动力；也只有通过兴趣，我们才能有更多的精力去攻克难关、掌握新知识，或是巩固自己原来的知识。

兴趣是热情。无论我们做什么，学习也好，工作也罢，最不可缺少的就是热情。我们的热情来自哪里呢？来自我们的兴趣，兴趣可以产生热情。那些在学习、工作中保持一颗好奇心、进取心的人，总是充满求知欲与浓厚兴趣，他们也一定是情绪高涨的。当我们成为大学生后，就更要看重热情、勇气与希望。以兴趣为发端，我们才会更有斗志，才会在困难面前表现得更坚强。相反，一旦我们凡事都提不起兴趣，做事情就会缺乏干劲儿，这样的情绪在大学生活中格外危险。

兴趣是希望大门的敲门砖。如果说兴趣是我们在大学里最为重要，也是被我们列为首要拥有的东西，那么我们接下来需要拥有的，便是希望。

希望意味着很多东西。在希望这个简单的词语中，包含了太多太多的内容。如果说兴趣是我们坚持下去的热情，那么希望便是我们坚持下去的勇气。兴趣并不是成功的唯一条件，我们还需要勇气。成长其实是一个孤独的过程，在这个过程中，拥有直面任何困难的勇气极为关键。我们因为看得见希望，所以奋斗得才更有力量。然而，不管是勇气还是希望，它们的基石依旧是我们

反复强调的兴趣。在大学，如何发现自己的兴趣，如何培养自己的兴趣，是当务之急，关于这一点，是尚未进入大学的我们必须了解和加以重视的。毕竟早做准备远胜于临时抱佛脚。

兴趣，也会为我们的生活增添色彩。如果我们把兴趣完全看成客观环境的需要，而未从内心真正认可，那样的大学生活是无趣的。

真正的兴趣由心而生，使我们真正地喜欢、认可。平日的学习偶尔会让我们有吃不消的时候，我们可能会觉得有压力，这些压力使我们觉得疲惫不堪或者想要逃避。此时，就需要一些方法来减轻或者移除这些压力和不快的负面情绪，显而易见，兴趣是最佳帮手。

如果你对体育运动感兴趣，那么别犹豫，挑个好天气，约上几个要好的朋友一起去操场上踢一场球，当你们累得躺在草地上时，你可能会惊讶地发现，压力得到了释放，那些莫名的烦恼也随之消失了。兴趣最神奇的妙用，在于让我们释放压力，获取正能量，并以此踩在烦恼的头上，朝着自己的目标前进。

 # 利用兴趣获得成功

　　希尔顿，一个我们多数人都熟悉的了不起的人。他说自己曾花了32年的时间寻找自己的兴趣，他开始的时候只不过是个小小的职员。华盛顿最初也不是我们敬佩不已的总统，而是一名普通的验货员。可是，他们后来都找到了自己的兴趣所在，并且很好地发挥了兴趣，利用了兴趣，继而获得成功。显然，兴趣不仅仅是我们的一个爱好那么简单，它很可能在指引我们人生走向辉煌这件事情上居功至伟。

　　对进入大学的学生而言，发掘自己的兴趣是件必不可少的事。我们必须清楚的是，兴趣源于我们本身。很多人对此不屑一顾，觉得这一条是多余的，其实不然。现在仍有很多人，他们做一件

事不是因为他们本身真的热爱，而是源自外界一些因素。比如，在学校里有考研热。很多同学为了考研，废寝忘食，刻苦钻研，只怕自己掌握得不够。这种情况应该是我们所说的"兴趣"了吧？其实不是。这些同学只是爱上了考研之后带来的荣耀、奖励、光环，而非考研所学的知识本身。这其实是一件很可悲的事情。

在我们确定某件事情是否是自己的兴趣所在时，一定要扪心自问，那是否真是自己喜欢的？是否真的是自己的兴趣？我们到底是钟情于这个兴趣本身带给我们的喜悦和收获，还是寄希望于这个兴趣衍生出的"虚荣品"？

兴趣，应该是让我们有某种幸福感的东西，没有功利性和目的性，是我们发自内心喜欢的东西。当然，在我们思考这些问题的时候，千万不要把父母对我们的期望，朋友对我们的爱慕，或者是我们自己的小情绪与尊严，还有来自社会对我们的要求混在一起。

在大学里，对于兴趣的定义，如果我们很幸运地有一个明确又肯定的答案，那么无疑是幸福的，因为现在仍有很多人究其一生都在寻找自己的兴趣。尽管这看起来不是件难事，却真的让太多的人徘徊在兴趣大门之外。

如何发掘自己的兴趣呢？最简单的方法便是去接触，普遍撒网，重点选拔，只有接触多了，我们的视野才能因此变得更加开阔。也因此，我们才有可能接触到众多不同的领域，慢慢找到与自己的秉性对路的领域。

李开复教授曾郑重地告诉他的学生：唯有接触才能有机会去

尝试，也只有尝试了才能知道哪个才是自己的最爱。因此，他建议自己的学生能在课余时间充分利用学校的资源，通过图书馆、网络、讲座、打工、社团活动、朋友交流、电子邮件、电子论坛等方式接触不同的领域、工作、专家，以此拓展思路。因此，那些刚上大学且未找到自己兴趣的同学，要尽快确定自己的方向，找到自己的兴趣所在。

那些敢于尝试的人是可敬的。正是因为敢于尝试，他们才能发现自己的兴趣是什么。在大学里，开阔视野、增长阅历其实并不难，难点在于我们是否走在寻找的路上。

当然，在寻找兴趣的路途上，我们并不是一帆风顺的。有时候，困难和痛苦会让我们看不清自己的内心，失败和沮丧也会大大地减少我们探测兴趣的程度。因此，我们首先要有一颗坚定的心，要悉心发掘，找到后坚持到底，然后慢慢地、潜移默化地发展它。

在大学里，我们会有自己的专业课，可并不是所有的同学都做得好，为什么呢？其实并不是我们不感兴趣，而是摆在我们面前的不是一条好走的路。此刻，我们需要做的是沉淀下来，可以试着去旁听，多总结，或进入相应的辅导班，一旦我们入门了、上道了，我们会惊讶于自己居然最擅长那些是曾被我们忽视的领域，这是一件神奇的事情。

当然，单单是发掘自己的兴趣还不够，毕竟苦心寻找，比不上我们主动去培养，因为我们每个人的自身特质，决定了我们会有各自的优点和缺点，而优点的延伸，就是兴趣培养的关键。

人的一生，其实会对很多事物产生兴趣。重要的是，我们要

善于从这些兴趣中寻找一个可促成我们实现目标，或者这个兴趣的逐渐发展，本身就是我们的一个梦想。

　　大学，是人生真正的开始，在这个形同于小社会的组织中，一切步入社会时需要的技能都要提前准备，而发展一个兴趣，将其打造为特长，继而形成自身独有的竞争力，则更是当务之急和重中之重。"兴趣固然重要，志向方为人生。"寻找兴趣、发展兴趣本身，就是一个立志的过程。

 # 大学期间广交朋友

　　小时候，"朋友"是我们的玩伴。在我们幼小的心灵里，"朋友"就是我们一起分享食物，共同看一本故事书，听同一首好听的儿歌，抑或是一起甜甜地睡午觉的人。可随着时间的流逝，我们对朋友的要求也不一样了。或者说，我们的要求慢慢高起来了。我们心中朋友的形象，也在发生着变化。

　　朋友，是我们在大学校园里必不可少的。朋友，就像另一个自己，与我们如影随形。一个好朋友可以使我们进步，使我们懂得更多，所以朋友就如同一本好书、一杯好茶、一盘美味的菜肴，总会给你留下难忘的回忆。

　　朋友是体贴的。当我们遭遇不幸时，站在我们身后默默支持

的，是挚友。那些鼓励的话语，那些充满信任的眼神，总是一次又一次地让我们动容。当我们情绪陷入谷底，我们的朋友总会出现在我们的身边，一个拥抱，一句安慰，甚至是沉默，都让我们能够有勇气走出阴霾。我们怎能不为他们的关心而感到幸福？

朋友是热情的。当我们抱着厚厚一沓作业本摇摇晃晃地前行时，是朋友在这个关键时刻扶住我们，让我们能站稳双脚；当我们遇到难题，正抓耳挠腮地一遍遍验算时，是朋友出现在我们面前，细心帮我们解答；当我们遇到生活中的困难，是朋友出手相助，及时帮我们渡过难关。朋友的这份热情，着实让我们感动不已。这就是一个朋友的热情，这份热情，除了朋友，相信是没人能够给予我们。

朋友更意味着温暖。大学里，很多同学都远离家乡，独自生活在一个完全陌生的城市。开始的时候，很多同学都会觉得寂寞、难过，因为他们想念远方的父母。这个时候，是朋友温暖如春风的话语，把我们拽出了那冰冷的境地，就好像天空中正下着异常冰冷的雨，而我们没有任何遮挡地在雨中孤独地行走，可朋友的出现，刹那间让我们仿佛有了最安全的伞，他全然不顾自己，挡在了我们身前。就是因为这，我们不再那么寂寞，不再那么恋家，渐渐地，我们更独立，也更勇敢了。

朋友还意味着互相帮助。如果谁能在你无助、陷入困难处境时不顾一切地帮助你，那就是朋友。不管是生活上的琐事，还是学习中遇到的难处，朋友都会毫不吝啬地伸出友谊之手，适时地拉我们一把。这种毫不为己的奉献之情，着实让我们感动。同时，

如果我们的朋友正遇到难题，我们也绝不会坐视不管，我们也一定会尽自己最大的努力去帮助朋友。

　　这就是朋友，我们与他们虽然没有任何血缘关系，却能像亲人一样，相亲相爱，共患难，互扶持。朋友就是我们口渴时的一碗水，平淡却解渴；朋友就是我们饥饿时的一碗粥，甘糯并果腹；朋友就是雨中的伞，雪中的碳，逆境中的希望，黑暗中的曙光。因此，我们每个人都应该把自己的朋友定义为我们生命中最重要的人。

　　在大学里，除了珍惜我们身边那些莫逆之交外，我们同样还要和一样"东西"交朋友。对，它不是实体，它是兴趣。

　　有些同学可能会觉得不可思议，为什么我们要和兴趣交朋友呢？我们都知道，大学的开始，就是一个寻找兴趣的过程。我们必须给自己的人生定一个明确的方向，并且为之前行、努力。我们一定要时时刻刻保持着兴趣，不论是对人，还是对事。如此，我们就能有一个无论在何时、遇到何事，都能冲在我们前面，为我们出头的"朋友"了。

　　和兴趣交朋友，可以丰富我们的见识。一旦兴趣成为我们的朋友，那便注定了我们不会再无知懵懂。因为我们时刻保持着兴趣，所以我们会时刻拥有高度的好奇心。在学习上，当我们发现哪种知识还没有完全掌握，我们一定会不服输地去图书馆，或者上网，努力查找清楚，给自己"扫盲"。在别人眼里，或许我们会是个对知识狂热的"crazyguy"，但我们自己心里知道，这就是我们的兴趣所在，我们的眼里容不下一粒"沙子"。没办法，

谁让我们和兴趣是朋友呢?

和兴趣做朋友,还可以挖掘出自己的潜能。当我们擅长某件事的时候,我们就会做得特别快,也会做得特别好。这是人类成长和发展的自然规律,也是不可逆转的。

之所以会变成这样,也是因为我们对某件事感到很有兴趣。有兴趣的事情,在我们眼里总是容易做的。这一点,却是从我们孩童时代就开始有所呈现的。

在大学里,有些人因为喜欢语言,所以不费力气就可以学好某门语言;有些同学爱好计算机,什么 C 语言、VB、编程等,在别人看来是比登天还难的事情,但他们做起来却易如反掌。

比尔·盖茨是众所周知的富翁,曾连续多年居于世界首富的宝座,可是鲜为人知的是,在他成为一名优秀的软件开发者之前,他的父母却希望他读完哈佛后当律师。后来,因为他实在痴迷计算机,所以在大学三年级的时候便辍学了。他凭借着自己对计算机的热爱与兴趣,创办了属于自己的公司。

和兴趣做朋友,还能让自己的课余生活更加丰富多彩。我们在大学,一定要学会合理地安排自己的时间。我们不仅仅要有自己的学习时间,更要有自己的课余时间。

大学更注重的是我们的全面发展,因此我们务必抓住自己的课余时间,更好地完善自己,以便发展自己。

兴趣,是决定我们课余时间利用率的一个主要因素。除了专业上的学习和认知,在我们的课余时间里,我们同样要坚持和兴趣做朋友,坚定自己的兴趣,然后持之以恒。

　　课余生活中，有些同学选择去运动，有些同学则喜欢阅读，有些同学打算外出散心。我们都喜欢去做自己感兴趣的事情。我们要像比尔·盖茨一样，永远追寻自己的本心，从不被外界的东西迷住双眼。当然，我们不是比尔·盖茨，我们却要立志成为他那样的人，因为我们和他一样，我们追求的只是自己喜欢的东西，任何人、任何事都别妄想阻挠和干扰我们。

　　和兴趣做朋友，我们会慢慢变得与自己想象中的人相仿，甚至一模一样。在每一个人的内心中，都有一个理想的自己。此时，我们正站在十几岁的尾巴上，年轻的朋友们不妨问问自己，现在的自己，是想要成为的自己吗？是你喜欢的自己吗？你正在做着自己喜欢的事情吗？相信不少人对这些问题会有所犹豫，那么是什么原因使我们不能果断地回答？是兴趣。

　　正是因为在我们中间大部分人没有坚持自己的兴趣，太注重外在的东西，而放弃了自己真正想要的。可是，请想想比尔·盖茨，想想乔布斯，他们不都是活在现实世界中，能够成为我们学习的典范吗？他们因为果敢地锁定了自己的兴趣，追逐着自己的兴趣，坚持着自己的兴趣，而慢慢成为受人尊敬的人、能给他人创造便捷生活的人。无疑，他们是成功的。

 # 树立明确的志向

有这样一首诗：理想是石，敲出星星之火；理想是火，点燃熄灭的灯；理想是灯，照亮夜行的路；理想是路，引你走到黎明。当我们谈起理想时，总觉得太大、太遥远，所以现在的我们更愿意用志向来代替理想。经过了无数的昼夜之后，我们走在前进的路上，内心坚定，即使偶尔也会有些犹豫，可每当看到朝阳时，心中又会充满斗志。

对于我们每个人来说，都需要树立一个明确的志向。

刚入大学，我们会被眼前各种各样的选择迷昏了头脑，甚至好像突然失去了选择的能力，不知道自己要的是什么。而在大学里，最重要的就是要知道我们到底需要什么。

在大学里，我们的内心要坚定，以此去抵制那些对自己无益的诱惑，而这时候，树立志向就是第一要务。

当我们树立了自己的志向之后，就会发现原本那些明暗不清、不知所措的事情逐渐变得清晰。志向可以使一个人拥有自己内心的梦想，并愿意为它付出努力、付出汗水和泪水。

很多人上大学以后，开始放松自己，从而迷失了自己。这个时候，我们的人生志向将我们拉回到现实。有些人从大学后开始慢慢觉得人生索然无味，如同一杯尝不出味道的白开水。可是，若我们心怀理想，心存志向，就能够找准自己的位置，就不会迷失在寻梦的路上。

有人曾把志向比作水，白水的志向是解渴，甜水的志向是甘美，酸水的志向是开胃，辣水的志向是刺激，即使是苦水也别有一番滋味。不同的志向都有着自己的味道，而我们的志向的味道，则需要我们自己来品尝。重要的是，不管是什么味道，我们都需要用心去品尝，因为这就是我们人生中的一部分——最美的一部分。

那么，你的志向是什么味道呢？

我们需要树立一个志向，因为明确的志向可以帮我们找对自己的方向。我们在树立自己的志向时，往往会考虑很多方面。这个时候，志向就不仅仅是一个普通的名词了，它还包含着我们对未来的认真态度，对自己专业及就业的考虑，还有社会责任感，但最重要的是，我们的志向是我们感兴趣的。

与其说树立志向是为了确立自己的未来，不如说确立志向是为了更好地定位。当我们树立一个明确的志向之后，我们所做的事情都是和我们的志向有关的。志向就好像在迷雾中的灯火一样，指引我们不断前行。相信很多刚上大学的学生一定还迷茫着，面对那么多的选择不知该如何取舍。不要犹豫，试着去追寻内心的想法，然后发掘出自己内心真正想要做的事情，只要坚持下去，我们就一定会发现自身的闪光点，而我们将来的位置，也一定可以从此找到。

我们需要树立一个志向，因为一个远大的志向才能让我们看得更远。每一个人都有自己的志向，而每一个志向，注定是不一样的。古人说"夫当志存高远"，即一个人的志向应该是高大的。我们不应该落脚于眼下，而要看得更为深远，看向我们未来的方向。

有这样一个故事，燕雀和鸿鹄相遇了，燕雀嘲笑鸿鹄的志向是那么可笑，鸿鹄却淡然地回了一句，燕雀焉知鸿鹄之志哉？即使当我们的志向被别人嘲笑时，也别觉得羞愧。我们要做的，也只是微微一笑。那些嘲笑的人是不懂志向的，而我们，要做那个懂得志向的人。我们懂得自己，懂得志向。我们高瞻远瞩，才能创造出更好的未来。因此，一个高远志向的存在是必要的，它能让我们变得更有远见，更有内涵，重要的是，它也能够让我们在人生路上越走越顺畅，不再盲目。

我们需要树立一个志向，因为一个坚定的志向能让我们不迷失自己。在大学里，我们面对的诱惑会增多。这个时候，我们就需要树立一个志向。你的耳朵被各种各样的信息所充斥着：他们

逃课了，他们谈恋爱了，他们看电影去了……这些和你没关系，因为你有自己的志向，你有自己的方向，所以你会坚定地放下那些二心，专心于自己的志向。这就是志向的魅力所在。也正是因为我们有志向，才能够逃离那些外界的诱惑和自身的欲望。只要我们一直跟着自己的志向前进不止，就永远不会迷失自我。

志向，也是兴趣的体现。那些被我们口口相传的故事中，那些为了自己的理想而不惜一切的伟人总有一个共性，那就是，他们的志向一定和他们的兴趣关联甚密。比尔·盖茨最初虽对软件有着极为浓厚的兴趣，但是因为父母希望他学律师，所以才在哈佛大学读法律。然而他因为有着开发软件这样一个极为强烈的"残念"，并且这种"残念"一直停留在他脑海里，所以后来他遵从了自己的本心，大三辍学，致力于软件开发，最后一举成名，创办了微软帝国。显然，正是因为他这种对志向、兴趣的追求，才促成了他日后的成功。

值得一提的是，他缘何能够不顾一切地追求自己的志向？答案很简单，他做的只不过是自己最感兴趣的事情，而借由兴趣，他也树立了自己的志向，并义无反顾地坚持到底。

正是因为兴趣，才使得他那么倔强地坚持着。其实一个人的兴趣，本就该和一个人的理想相关联。试想，如果我们的志向仅仅是志向，对其没有一点儿兴趣，甚至我们只是机械地做一些事情，企图去实现我们的理想，成就我们的志向，那么最后的结果可想而知。即使我们真的实现了华丽的目标，可我们真能发自内心地感到快乐吗？这就是我们想要的吗？不，不应该如此。我们

追求的、坚定的、相信的东西，一定是我们热爱的，我们愿意用一生去拥有的，而不是机械地存在着。

　　在未来的大学生活中，我们务必把兴趣作为志向。虽然每个人的志向各不相同，但是实现志向的过程却大同小异，即我们必须努力去追求。我们无法也无权去评判别人追求的东西是否有意义，因为我们不是别人。可是，我们要清楚的是，我们自己追求的东西必须是我们感兴趣的。也只有我们对某件事情感兴趣，才能发挥出自己最大的潜力去追求，去奉献自己的精力。或许，很多人会犹豫，可是我们要清楚的是，害怕付出永远不会有回报。我们现在能做的，就是发展自己的兴趣，然后给自己的志向下一个完美的定义。最后，我们就要背上行囊，为了我们美丽的梦想、远大的志向，向着明天出发！

 # 兴趣是最好的老师

 

 

伟大的科学家爱因斯坦说过："兴趣是最好的老师。"这就是说，一个人一旦对某件事有了浓厚的兴趣，就会主动去求知，去探索，去实践，并在其中产生愉快的情绪和体验。

人生在世，但凡要做好一件事，无论大小，都要端正自己的态度，以一个良好的心态去面对过程中可能出现的困难和挑战。而兴趣，无疑是能帮助我们越过高山险滩的最佳帮手。

兴趣，是指个体因特定的事物、活动及人为对象，所产生的积极的和带有倾向性、选择性的态度和情绪。每个人都会对他感兴趣的事物优先注意和积极地探索，并表现出心驰神往。例如，有的人对篮球产生了强烈的兴趣，所以才会关注篮球，才会为篮

球倾注热情、付出努力；还有人对美术感兴趣，那么他自然而然地会对各种油画、美展、摄影认真观赏、评点，对好的作品予以收藏甚至描摹。

兴趣，不只是对事物的表面关心，任何一种兴趣，都是由于获得这方面的知识或参与这种活动使人体验到了情绪上的满足而产生的。打个比方，一个人对跳舞感兴趣，那么他就会主动地、积极地寻找机会去参加，而且在跳舞时会感到愉悦和放松，表现出积极、自觉、自愿。

兴趣是最好的老师，这是因为兴趣能够让人积极主动地寻找问题的答案。兴趣往往能够让人提出很多问题，同时驱动人们去及时地寻找问题的答案或解决方法，以推动实际问题的解决。

每个人都有不懂的地方，不过大部分人选择默默地放过，久而久之，就慢慢忽略了。而兴趣，却能够让人有热情去了解问题的答案，继而优化解决问题的方法。这样，模糊点越少，我们就越有信心，也具有比其他人更容易解决问题的实力和优势。

大量的调查研究表明，在有兴趣的领域，人们的认识往往较多，而且相对不容易茫然；兴趣能够集中注意力，也能够激活思考；兴趣在很多时候就是学习的方向，能够让人更多地接触该领域的内容，得到深入了解。

兴趣的重要性，就在于人们能够提出比较具体的学习目标，并很容易从专业的学习中获得成绩和成就感。有了兴趣，人就不会觉得疲倦。

兴趣是正能量。在微风吹拂的春天和家人去踏青，在有大大的太阳的夏天和好友相约去海边游泳，在收获的秋天把落叶踩得咯吱咯吱响，在飘雪的冬天堆个滑稽的戴帽子的雪人……生活就是这样，会依托着让你感兴趣的事情而大放异彩！

爱旅行的人，喜欢在路上遇到一些人，和他们从陌生变得熟识；遇到一些事，令自己开心大笑。一切都会让人的视野拓宽，不再是局限于自己狭窄、枯燥的生活之中。

一位网友写道："背上行囊走在青春与梦想的路上。不要问我来自哪里，不要问我为何孤身一人。相遇，分开，把玩孤独，享受寂寞，更明白自己是谁。在一个人的旅途上，我并不害怕，即便我是女生。"看过之后，让人心里有些感慨。爱旅行的人，一定能享受到这种兴趣带来的畅快感，因为在途中，一个人主宰着自己全部的心神，那一刻，我们才会感觉到兴趣原来可以让自己获得重生。

想起几次与三两个好友说走就走的旅行，心中依然激动不已。那样的日子，那样的旅行，是人生中最美好的经历，也是最宝贵的财富。旅行是一扇窗，轻轻打开，一个全新世界就会扑面而来。而这一切，都是兴趣给予我们的前行力量。

爱美食，乐于尝试各种好吃的，每次那种满足感都会令人备感幸福。那些喜欢烹饪的人，对他人因吃了自己烹煮的食物而感到幸福产生莫大的满足和骄傲。这份来自心底的自豪，也会让烹饪者厨艺更加炉火纯青。

喜欢摄影，我们也一样不需要有多专业，可以没有单反，可以拍不出完美的摄影作品，但用照片来记录点滴小事，将那些也

许会忘记的精彩瞬间全部定格。回头翻看，嘴角都情不自禁地上扬。那些点滴也从脑海深处冒了出来，给自己带来幸福的感觉。

因为喜欢旅行，便不在乎旅途上的舟车劳顿；因为喜欢美食，便不在乎被好朋友说好久不见，怎么又胖了；因为喜欢摄影，便不在乎采风时留下的汗水；因为有兴趣，因为喜欢，所以它带来的快乐和幸福感可以将所有的汗水、辛劳、付出统统抛到脑后，只留给我们最难以忘却的回忆。

一个人的价值，不在于他得到了什么，而是在于他贡献了什么。随波逐流，整日为名利所累，只会让人迷失自我，人生变得了无趣味，就像是在旅途中没有去欣赏沿路的美景一样遗憾不已。

"对世界上绝大多数人来说，人生一无意义，二无价值。他们也从来不考虑这样的哲学问题。走运时，手里攥满了钞票，白天两顿美食城，晚上一趟卡拉 OK，玩儿一点儿小权术，要一点儿小聪明，甚至恣睢骄横，飞扬跋扈，昏昏沉沉，浑浑噩噩，等到钻入了骨灰盒，也不明白自己为什么活过一生。其中不走运的则穷困潦倒，终日为衣食奔波，愁眉苦脸，长吁短叹。即使日子还能过得去的，不愁衣食，能够温饱，然而也终日忙忙碌碌，被困于名缰，被缚于利索。同样是昏昏沉沉，浑浑噩噩，不知道为什么活过一生。"季羡林先生如是说。

眼下这些眼看着大学之门在自己不远前方的青少年，对待人生都有一个不成熟的定位，但好在还有定位，如果可以，做个有兴趣的人。只要我们去做，充分利用好现在的每一天，相信未来的大学生活，必然是璀璨多姿的，而我们的人生，也一样会因此

而绚烂夺目。因为我们有自己的兴趣，因为我们找到了前行的方向，因为我们知道这一生要潇洒地活。

　　人的一生很像是在雾中行走，远远望去，迷蒙一片，辨不出方向和吉凶。可是，当我们鼓起勇气，放下忧惧和怀疑，一步一步向前走去的时候，就会发现，每走一步，我们其实都已经把下一步路看清楚了。往前走，别站在远远的地方观望，我们就可以找到属于我们的方向。

 **把握课堂时间**

　　对于学生时代的我们来说，课堂时间的重要性不言而喻。在上课的过程中，我们首要解决的就是盲目听课这一问题，我们应该有重点、有层次地去听。这样的话，就很容易达到事半功倍的效果。在听课前，一些相应的准备也是必要的。上课前，我们应该做好课前预习，整理好自己希望在课堂上解决的问题。如果我们能坚持这样做，听课将会变得更加轻松。对于我们自己来说，又能很快理解当前的内容。高中是如此，大学亦然。

　　良好的开端是成功的一半。我们要在上课刚开始时就全身心地投入，思路紧跟老师，不能一会儿的工夫就溜号了。

　　有些同学就有这样的毛病，很多时候，他尽管坐在椅子上，却没有真正听课。那么，当我们跟不上老师的思路时怎么办呢？做笔记的方法可以试一试。上课随听随记能够有效避免走神。做笔记不但可以记录老师所讲述的重点内容，还可以使自己对老师的讲解理解得更加深刻。课后，我们对自己做过的笔记进行整理时，就能进一步加深对知识的理解，从而做到融会贯通。

课前预习应该引起重视。如果不预习，怎么能保证课堂上老师传递的知识能被我们全部吸收？换句话说，如果课堂做了预习，那么我们就会对课堂的基本内容有些了解，我们就会知道课堂的主要内容是什么，我们能在这节课学到些什么，以及该解决什么样的难题。如此，我们的大脑就会处于兴奋之中，状态自然就比正常要好得多。于是，自然而然地那些打哈欠、睁不开眼的状态就不存在了。

这种听课方式完全可以提高我们的听课效率。事实上，这种方式等于是变被动为主动了。就如探险家一样，在丛林中探险时，始终保持着一种兴奋状态，因为未知，也因为好奇。我们要像探险家一样，有意识地培养自己对课堂内容的好奇感。

在课堂时间里，左右我们对一堂课认知程度的因素很多，除了提前预习等，学习兴趣也是十分重要的。大学校园里，几乎人人都倡导"张扬自己的个性"，越来越多的大学生也愿意体现出自己的个性，于是，对于一些人来说，他们会喜欢某些课、讨厌某些课。喜欢的就听，不喜欢的就置之不理，其实这对我们掌握更全面的知识没有好处。

学习兴趣的培养不能急于一时，需要一个过程。有时候，我们应该学会改变自己，努力接受那些我们厌恶的东西。我们都是平凡的人，谁也不是完美的。也正因为如此，凡事我们才要去"尝试"，很多事情，如果不试试又怎么会知道到底是如何的呢？

学习态度，是决定有限的课堂时间能有效利用的重要因素。一个积极向上的态度，会带你进入象牙塔的上层，正所谓"态度决定一切""态度决定成败"。因此，我们要抱着积极向上的学习态度，以欣赏的态度去听课，如此，那些平日里枯燥的课程，在某个关键的时间点上，或许就变得可爱多了。

学习态度的端正，还会让学习效率迅速提升。我们会发现，效率高的同学，学习起来往往更愉悦。态度与效率的关系十分密切，因为渴望所以才去学习，这样就会形成良性循环。

上课时的疲惫，也是影响我们课堂效果的罪魁祸首。造成疲惫感的因素有很多，可是，这些都不能成为我们荒废课堂时间的借口。

不专注于课堂的危害性是众所周知的，很多人也想克服，却苦于一次次的失败。克服的方法很简单，只要我们紧跟老师，一切问题就会迎刃而解。紧跟老师的思路，我们的大脑就会在不知不觉中处于兴奋状态。

陈景润是伟大的数学家，常年研究数学使他一直很严谨。但事实上，他的这种态度是从小时候就养成的习惯。

小时候的陈景润，善于培养自己对数学的兴趣。可能在很多人看来，数学是十分枯燥的，可对他来说，数学是他最大的兴趣以及毕生的事业。这源自他始终让自己保持对数学的兴奋度，或

者说，是他有意培养的结果。

在我们的课堂时间里，还有一个因素很关键，那就是与老师的互动。在课堂上，与老师互动能更好地给老师反馈一些信息，这对我们十分有利。老师能明白我们在哪部分有疑惑，他也就能有针对性地进行讲解。在课堂上，我们的思路应该紧跟老师，以一种积极向上的态度和一种饱满的热情去对待每一堂课、每一个科目。

只要我们坚持以一种乐观的、正面的态度去面对我们的课程，那么我们的课堂效率一定会大大提升，久而久之，我们必定会对所学的课程兴趣大增，甚至最终会因这份兴趣而做出一番事业。

当然，最现实地说，还是因为萌生的兴趣会让我们对知识不再厌烦或排斥，我们可能会产生一种探究式的好奇心理。也正是这种好奇心理，让我们对更多新鲜的知识产生了探索欲。

步入大学，我们就要对每堂课如何度过有自己的规划。不管哪个专业，课堂上的时间都是极为重要的。因此，我们要争取把课堂时间安排得更加科学、合理。更重要的是，不管如何安排，我们的目的是让知识转为"生产力"。

大学时代课堂时间的重要性，还体现在"常规认知"上，即一旦"下课"，找老师就是件很费神的事情。当然，如果找到老师，你的疑难问题还是有望解决的。可是，试想一下现实，又有多少人会在大学的校园里，下课后跑去找老师解题呢？因此，把握课堂时间，在这短暂的时间内收获自己想要的，才是有效利用时间的最佳选择。

 # 丰富多彩的课外生活

　　进入大学，课外时间渐渐多了起来。在大学，有丰富的课外生活，多彩的社团活动，课后有足够的时间去做自己喜欢的体育运动，也可以为了尽快适应生活而去做份兼职。在有节假日的时候，还能与同学们一起去野营，去郊游，去陌生的城市游玩。

　　在大学里，最开心、最快乐的就是参加学生社团活动。社团内部可以组织节目，进行文艺表演，甚至可以一起去野炊。这些活动都是在课后的时间里，所以我们不必担心会耽误学业。

　　学生会中有组织部、宣传部、外交部等。比如一个同学可以参加组织部，也可以参加宣传部，但最好选择自己真正感兴趣的

部门、感兴趣的社团。参加社团以后，可以认识更多人，也会因此有更广阔的交际圈，这会锻炼我们的交际能力、组织能力。

在社团活动中，可以从中获益，获取很多我们在书本里学不到的东西。不管有什么社团活动，都要积极参与。每一次参与都是自我展示的机会，在锻炼我们的同时，也让他人对我们刮目相看。

社团活动的多样性，决定了每个人都能给自己的兴趣找到落脚点。比如爱好乒乓球的可以参加乒乓球协会，在那里，大家可以切磋球艺。有爱好书法的可以参加书法社团，这里有许多热爱书法的人，可以和他们一起练习书法，陶冶情操。喜爱绘画的，可以参加绘画社团，可以学习素描、画人物肖像，一起去野外写生，将美丽的大自然记录下来，也可以学学油画，了解西方的古典艺术，还可以学习中国的山水画，那大气磅礴之感，是多么令人赏心悦目……

社团是丰富大学课余生活的最佳组织之一，既能让我们交到志同道合的朋友，又能锻炼自己、提升能力，实在是一举两得。

大学的课外时间，就是用来发展特长或放松自己的，所以我们在这样的时段里，应该尽情释放自己的能量。

节假日，可以与同学一起去旅行，这不仅可以促进友谊，还能留下一些美好的回忆。当然，在旅行中要注意安全，也要提前做好相应的准备，只有这样的旅行才是快乐而让人放心的。

旅行可以开拓人的视野，让人更好地了解外面的世界；旅行可以锻炼人的身体，爬一段高山，不仅可以欣赏到美丽的大自然

风光，还能强身健体；旅行可以满足人的味蕾，让人品尝到别具一格的美味，领略各地的风土人情；旅行可以放松学习的压力，让疲惫的心灵得到舒缓。

在充足的大学课外时间这个可以自由支配的时间内，我们无须再为了看课外书而担惊受怕，不必再因偷听自己喜欢的音乐而在课堂上畏首畏尾。大学的课外时间，是放逐我们真实情感的时光。

图书馆里收藏着几万册图书，而大街上那些闲书也一样能入我们的"法眼"，因为我们不必再为时间发愁，我们可以利用充足的课外时间去让自己的大脑接收更全面的刺激。谁说一定要看能让我们过级的书？谁说重金属音乐就一定会乱人心智？只要我们本身能有足够的自控力，是为了获取能量，就不必担心沉迷或受到腐蚀。

当然，作为学生的我们，还是不能"恣意妄为"，因为始终得靠学来的东西混饭吃。课余时间的自由支配性，决定了我们不必如课堂上那么拘谨。闲暇时间，我们可以选择与本专业相关的各类书籍，这些可以让我们更好地学习、更好地完成自己的学业。另一些书籍是陶冶情操的，比如优美的散文、精彩的小说，还有一些有趣的杂志。这些都是不错的可以丰富自己大学课余时光的方式。无论如何，我们都要想方设法让自己的每一天都过得充实，不虚度光阴，不浪费时间，既要好好完成学业，也要课外生活丰富多彩，这样的大学，才是有意义的，才是令人难忘的。

大学阶段是人生最有价值的时光，如同刚刚升起的太阳，富

有朝气,充满激情,宛若火焰,能给每个人的心灵带来光明与温暖。珍惜大学时光,抓紧每一分每一秒,努力完成每天自己所规定的任务,我们的人生会因大学时代养成的习惯而变得璀璨夺目。

# 合理度过大学时光

　　大学生活是丰富多彩、五彩斑斓的。倘若人生是一本书，那么大学生活就是书中最华美的一章；倘若人生是一台戏，那么大学生活就是戏中最精彩的片段；倘若人生是一次旅途，那么大学生活便是最唯美的风景。大学是梦想的开端，是理想的起始点，如果将这宝贵的大学生活白白地浪费掉，那是多么可惜的一件事。在上了大学之后，我们的课外时间也慢慢多了起来，如何去分配、去利用这些时间，就显得极为重要。

　　刚刚经历过高考的洗礼，紧张的心情也渐渐地松懈下来，慢慢地会被网络游戏所吸引、沉迷，荒废了学业。对于这种情况，我们自己都知道，这是由于我们自制力不够，不能很好地克制自

己所造成的。适当地玩儿一些网络游戏是可以的，可如果沉迷于此，则是对自己不负责。如果我们在无意间将自己的理想抛到一边，就会在人生路上不知所措。

大学生活是自由的，缺少了中学的管制，凡事都可以自己做主，可这也更加考验了我们的自制力。于是，能否处理好学习与娱乐的关系，就成为辨别一个人是否具备某种能力的关键。

有些大学生沉迷于网络游戏，很可能是因为他们性格内向、缺乏交流，所以才会沉迷于虚拟的网络世界中，这样既可以满足他们希望与他人沟通的心理，又能够隐藏自身，保持独立的性格。但网络终究是虚拟的世界，沉溺于其中是与现实相脱离的，如此下去，甚至会患上自闭症等心理疾病。

很多大学生在中学阶段都被灌输这样的思想——大学是"玩乐"的地方，因此他们在进入大学后，便对自己放松，继而沉溺于网络游戏世界中。而一旦沉溺于其中，长时间坐在电脑旁边，视力受到影响不说，对颈椎以及腰椎都有巨大的不良影响，自身的运动机能以及协调性都下降。

长时间地坐在电脑前，大脑持续兴奋，无法得到充分的休息，导致第二天浑浑噩噩，长期如此，自身的抵抗力也会下降。由此能看出，沉溺于网络，对身心都有不小的影响。

大学，本应是学生学习文化知识的时候，但如果在大学里，耗费大量时间去玩儿游戏，最终对学习失去了兴趣，导致旷课之事频频发生，这样下去，挂科就成了必然结果。因为挂科，所以很难拿到学位证，这在某种程度上就难以得到社会的认可，这对一个人的前途是有影响的。这么说来，把时间浪费在游戏上，就等于是在原本有限的时间里又分出了一部分去做无聊之事，在不知不觉中出现一块"无聊时间"。

作为大学生，其实应该把更多精力用在提升自己的能力方面，应该与无聊时间说再见。在游戏的虚拟世界里，大学生的思想道德水平下降，法律意识变弱，会渐渐地变成冷漠、自私、残酷无情的性格，人格渐渐地扭曲，甚至会慢慢地踏上犯罪的道路。

请不要将大学的时光都花在游戏上。我们应该让自己有理想、有追求，为今后的人生之路打下基础。切勿在几年之后为当初的举动而后悔，为一时的快乐而终身哭泣。

那么，如何才能充分地度过大学时光呢？

首先，我们应当明确自己的目标。有了目标，就如同在昏暗的世界里看到了光明，我们也愿意为此而奋斗、努力。不论最终的结果如何，不论是失败还是成功，最终我们都要体验这样的过程。如果没有目标，那么我们就如同迷路的孩子，不知道该去往哪里，会在迷途之上不断徘徊，慢慢颓废，最终不知所措，终日如行尸走肉般生活，无所事事地度过大学时光。这完美且令人神往的时光，在我们每个人的人生中却只有一次。

王国维在《人间词话》中妙用古人的诗词描述人生的三种奋斗境界：其一是"昨夜西风凋碧树，独上高楼，望尽天涯路"；其二是"衣带渐宽终不悔，为伊消得人憔悴"；其三是"众里寻他千百度，蓦然回首，那人却在灯火阑珊处"。可见，先有梦想，再为之而奋斗，这样的过程也是一种享受，梦想的大门终究会为

我们打开。

此时的我们不妨给自己先设立一个目标，让自己的生命得以燃烧。伟大的抱负产生伟大的精力。如果没有理想，没有抱负，那么我们的大学生活将是无聊的，是枯燥而乏味的。要让课后的时间充实，就要学会安排好自己的时间，该玩儿的时候好好玩儿，尽情地玩儿，完全放松自己；该学的时候认认真真学，上课注意听讲，做好笔记，课后复习，并且把当天遗留的问题解决，按时完成课后的作业。虽然这有点儿中学时代的感觉，但谁能说这是一种"倒退"呢？

学习，应该是自主的，是完全自愿的，不应该是他人强迫的。我们要对知识有渴望，有好奇心，要带着问题去学习，这样的学习就如同在玩儿探索游戏一般，每攻克一关，就会有相应的、难以言表的自豪感、喜悦感与成就感。

图书馆是知识的海洋。在图书馆里，我们不仅可以了解一堂课所学的内容，而且可以博览群书，读一些课外书籍，以完善自身，补充自己的不足。与一本好书相伴，就如与一个睿智的学者为友。他会教会你许多，引领你走向成功之路。

在图书馆里，还有一群为理想而奋斗的青年，与他们在一起，我们也会学到很多。在课后，有不明白之处就可以去查询书籍，询问师哥、师姐，让他们帮你解惑答疑。

将课后时间花在书上，比沉迷于网络游戏不知强多少倍。游戏毕竟只存在于那个虚拟的世界，书籍却能丰富我们的思想，提升个人素养、品质，陶冶情操，甚至让人风度翩翩、气宇非凡。

　　与无聊的时间说再见，就意味着我们应该把更多闲暇时间用在有意义的事情上面。毫无疑问，在大学里，除了走出校园做兼职，另一种就是参加社团了。

　　参加社团，既能丰富自己的人生，也能有效地利用自己的课外时间。在遇到社团活动时，不要退缩，要积极主动地展现自己，将自己最好的一面展现出来，不要畏惧，更不应犹豫不决，努力做好自己，展示真实的自己。

　　大学社团的活动，是十分有意义的，它能很好地锻炼我们，不管是在人际交往还是个人修养方面，都能以此获得增进。在社团中，与团员搞好关系，齐心协力，共同为社团的荣誉而努力，这是培养合作精神的有效渠道，这会为我们日后真正步入社会打下坚实的基础。

　　在大学中，还有一件事也会占用我们很多时间和精力，那就是谈恋爱。恋爱的自由，让我们可以不必顾及他人的意见，只是这份恋爱必须能给双方带来真正的益处：比如相互勉励，共同进步，对未来有着共同的规划。如此，这种恋爱也会受人尊敬、羡慕和祝福。

　　反之，若抱着"偷食禁果"的想法去谈恋爱，最终双方都会受伤，也许在这个过程中，有些人一辈子都难以走出某种阴影。显然，这样的恋爱，也为无聊时间的存在贡献了"力量"。

　　无聊的时间，会占用我们更多的精力，却不会为我们创造任何财富，不管是精神上还是物质上的。因此，大学时代应该拒绝无聊时间的存在。

# 合理分配自由时间

　　大学这个小型社会带给我们的惊喜是难以想象的，真正走入其中的时候，我们就会发现，原来学校生活居然可以如此多姿多彩。

　　当自由的时间越来越多，我们需要解决的问题就是如何分配这大块时间？

　　大学的时光如同流星，往往让人措手不及，因其转瞬即逝。在这弹指一挥的光阴中，我们最需要学的就是如何成长。我们把美丽如花的青春刻录在这段大学时光里，那青春到底是什么？它是操场上拼命挥洒汗水的年轻背影，也可以是女孩子脸上含羞的笑容……

青春应该如娇嫩的花，而非恼人而纠缠的藤。我们的青春是自由而奔放的，不受任何约束，可以自由飞翔。

大学，是我们梦想起航的地方。在那大把大把的课后时间里，一些人选择了荒废时间、打发时间的方式，比如最常见的——沉迷于网络游戏中。

虽然大学的时间是自由支配的，但是这种自由性并非建立在随心所欲、肆无忌惮的基础之上。大学是积淀步入社会所需能量的过程，因此在分配自由时间上，"汲取养分"应该占最大的比例。

所谓的"汲取养分"，其实包含很多方式，或者笼统地说，汲取养分这一点，就涵盖了大学自由时间的全部。因为我们在进入社会后，需要具备各种各样的能力，比如与人相处，在岗位上的技能掌握情况，而这考验的是我们适应环境的能力。此外，学历作为一块敲门砖，决定了我们在大学里务必要使自己的专业课达标，否则无法毕业，造成的后果是不堪设想的。

自己的时间自己做主，其实并不困难，只要我们能弄明白关于"时间管理"的"四象限"法则就可以了。

何为四象限法则？简单地说，就是把事情分类的时间管理方式，根据事情的紧急程度，将其分为四类：既紧急又重要，重要但不紧急，紧急但不重要，既不紧急也不重要。从某种程度上看，一切事情都可以划归到这四种象限之中。

采用这样的时间管理办法去合理安排自己的大学时间，应该是再适合不过的了。何为紧急又重要的？何为重要但不紧急的？何为紧急但不重要的？何为既不紧急也不重要的？如果在前三个

象限中我们暂时很难去填充具体的事情，那么最后一个象限里，那些不紧急和不重要的事情，大概就是所谓的玩乐了。

大学生活，需要的是自我提升，一旦总是本末倒置，把不紧急也不重要的事情当成既紧急又重要的事情，那么结果会怎么样，相信我们都不言而喻。

对于自由时间，我们要善加利用，而非随波逐流，把青春消费在最没有价值的事情上。未来的大学生活，充满着激情与诱惑，我们也必将在那个拼自由时间燃烧程度的地方，一较高下，为自己的未来交上一份满意的答卷。

# 选择适合自己的方式去释放压力

大学是我们人生中最为多彩、最为辉煌、最为丰富的一段乐章。它像是一段优雅而奇妙的旅程，等待着年轻的我们去探索、去发现、去追求，甚至去享受。但有些事情也是我们必须重视的，在大学里，我们一定要合理地规划自己的时间，合理地安排自己要做的事情。就像那句老话一样，且行且珍惜。不仅是珍惜我们身边的事，还要珍惜那些一直陪在我们身旁，与我们一起度过这几年的人。

在大学里的我们，年轻而富有朝气，有时与他人不免会有争执。那时的我们就如同朝阳一样，夺目而突出，容不下其他异样的声音。有时候，我们心情不好，或碰到一些磕绊的事情，便会

觉得烦躁、厌恶，此时的我们易怒且提不起精神。

"人生不如意十之八九"，我们既然出生在这世间，就必定会遭遇一些让我们不顺心的事情。听起来，这似乎是一种借口，有些安慰自己的成分。如果样样都做得好，生活过得一切顺利，没有坎坷，那么又怎么能叫作生活呢？这样的生活又怎能是多彩的呢？在人生中，总会有一些小挫折让我们沮丧。

小七是一名重点大学的大二学生，她开朗又活泼，而且身为班委的她，常常能凭借着自身的幽默逗得大家开心大笑。而平日里，刻苦的她又是大家学习的好榜样，老师心中的好学生。可是，谁能想到，就是这样的她，称得上是优秀的她，也会产生厌烦的情绪。

就在大家都一头雾水的时候，她向父母提出休学的要求，她说她需要从巨大压力中全身而退。后来，在辅导员的一点点开导之下，她才慢慢吐露了心声。原来她并不是大家表面上看到的那样的女孩子。她说，在平时的学习中其实是有很多压力的。作为大家心目中的好学生，她必须时时刻刻关注着自己的学习成绩，即使在周末，她也多半是在图书馆里度过。有时候看着别的女孩子逛街，出去旅行，她在心里只能怀有深深的羡慕之情，却不能像她们一样。一个人的时候她会想，为什么自己不能像别的女孩子一样，在这个花一样的年纪去郊游、去踏青、去感受生活？即使舒舒坦坦地睡一个午觉也好。

当她含着眼泪说完这些话时，她的辅导员释然了。小七的压力实在是有点大，她过于重视别人的看法，这才让自己失去了内心真正渴望的东西，她才变得越来越累。对此，问题的关键还在于，小七没有及时地采用一些适当的方法减轻自己的压力，最终导致压力越来越大，郁闷和不快越积越多，最后，才有了离开学校的念头。

其实，我们每个人都有压力，面对不同的事情，压力的大小也不一样。可最为重要的是，我们应该及时选择适合自己的方式去释放我们的压力，而不是坐以待毙，等着压力来打倒我们。

大学校园的自主性和自由性，决定了我们可以有很多种宣泄自己情绪的方式，我们每个人亦可以根据自己的情况，选择不一样的方式。但是，我们始终不能忘记的是，我们最后的目的不过是使自己尽快从糟糕的情绪中走出来。

曾经有一个关于大学生减压方式的调查：如果平日里，你的压力太大，你将会怎样去解决？对于此问题，回答也是多种多样的。有的人认为，听音乐是最好的减压方式。随着自己喜欢的音乐的节奏，我们仿佛置身于另一个不一样的世界。在那个世界里，只有音乐，没有其他。我们只觉得幸福，只觉得被满满的音乐精灵所围裹，仿佛下一秒，我们就能随之起舞。音乐是那么美，美到让每一个置身于压力之中的人，都能感受到说不出的幸福。

对那些常年创作的人来说，每当思路枯竭的时候，只要随机听听自己喜欢的歌曲，思路、灵感就可能会在一瞬间被找回。我们一定要相信，音乐的力量是无穷的。

还有人说，除了听自己喜欢的音乐外，当我们遭遇坏情绪时，还可以选择去看一些喜剧电影。正在上大三的小王就是靠着那些

喜剧电影，逐渐地抵制坏情绪的。

小王说："因为在你看电影的时候，你的世界就是电影中的世界，你会忘记了自己现在所经历的所有烦恼。你随着电影里的人物哭，随着电影里的人物笑，这就像是一次奇幻的经历。大三的学习压力大，所以我很注重随时排解这方面的压力。看电影真的是一个不错的选择。"

对于电影，我们一定不陌生。的确，在电影里，我们可以悄然地忘记我们正在遭受的压力，而当电影结束时，再想起那些压力，可能会发觉自己没有之前那么在意了。通常来说，很多电影都有一定程度的励志因素。电影里的主人公，一般在遭受了很多不幸和挫折后，还是能顽强地同自己、同命运作斗争。当我们看过那些电影后，便会觉得自己也如同那些主人公一样，充满了正能量。

大学时代的我们，如果总是闷在图书馆、寝室里，显然大学生活就等于被我们荒废了。除了音乐和电影，宣泄自己情绪的方式还有很多。

比如，趁着周末，我们约上要好的朋友一起去郊游。如果是春日，我们就去闻那些嫩草的芳香；如果是夏日，就去感受夏花的甜蜜；如果是秋日，就去观赏落叶的凄美；如果是冬日，就去享受白雪的纯洁。不同的季节，总有不同的收获。我们要做的，就是在这不同的景色中去放松，去放纵，去大声宣泄我们的不满。

此时的大自然，像是一个温柔、体贴的母亲，她包容着我们，开导着我们，做我们最好的倾听者。我们手拉手去登山，去冒险。

当我们爬上一座不矮的山峰，只身躺在泥土上时，耳朵里便会传来空旷的、若有若无的声音。这声音，就是自然的呼唤，这声音，让我们舒心。再有不满的，干脆站起来对着山谷喊话，把自己负面的声音统统发泄出来！听着自己的声音回荡在山谷里，自己心里那些不好的东西便会在不知不觉中悄然不见。

当然，如果你不喜欢音乐，也不喜欢看电影，更糟糕的是，你生病了，出不去门，这真是最郁闷的时候了，似乎在这种情况下，我们什么也做不了。

如果真处于这种让人着急的情况下，那么就干脆什么都不想，躺在床上好好睡一觉吧！在寝室里，洗个澡，换上一套新睡衣，然后舒舒服服地钻到被窝里。

幻想着外面正下着小雨，你拿过一本自己喜欢的书，仔细地阅读着。然后到了某个时刻，你看书看得困了，便闭上眼睛，睡到自然醒。相信这会是一种愉悦的感觉，甚至所有的减压方法都没有这个简单。

身在大学校园中的我们，其实有很多释放自己情绪的方式。当然，大学并非一个滋生负面情绪的地方，那里有更多值得我们去关注的事情。计划好自己的人生，我们就可轻装上阵，零压力地奋斗！

# 切莫虚度大学时光

　　步入大学，我们一定会有诸多不适应。我们脱离了原有的环境，中学时的朋友也各奔东西，在我们的心里，一定存在着孤寂感。此时，我们的心态可能会趋向消极。那么，在这种情况下，我们又该如何让自己的大学生活充满希望，又以怎样的积极、乐观的态度去度过每一天呢？

　　进入大学，我们脱离了父母的悉心照料，所有的一切都要靠我们自己去做。我们都知道，中学时的我们，主要的任务是学习，其他什么都不用操心，对那时的我们来说，唯一要做的就是拼尽全力考入大学。

　　当我们真正地站在自己渴望的大学门前时，内心却踌躇着、

迷茫着。究其原因，不过是因为我们在心理上还没有完全脱离父母，没有走向独立。加之我们的生活环境也发生了天翻地覆的变化，除了经济方面以外，我们几乎独立了，什么事情都要我们自己做主了。

当现实来到眼前，我们自然不能因为遇到陌生环境且难以适应而退缩。时间还在推进，我们要做的也还有很多。所谓"物竞天择，适者生存"，因此不论怎样，我们也必须忍受孤独和彷徨，慢慢地适应周遭的环境，然后一步步地前行。我们要坚信，一切都会好起来！只有开始崭新的生活，才能成就崭新的自我。

在生活方面，我们首先必须做的便是按时起床。也许这对很多人来说很难。一年之计在于春，一日之计在于晨。这话说起来容易，做起来难。可是，如果我们真的能坚持下来，做到这一点，那么一定会有不小的收获。

早起跑步是一个不错的选择。早上跑步能锻炼身体，而身体是一个人生活的本钱。如今，很多大学生都缺乏锻炼，绝大多数人认为自己时间不够，无法运动。事实上，时间就如海绵里的水，只要我们早睡一点儿，早起一点儿，那么是一定能空出时间来锻炼的。

此外，学会照顾自己也是极为重要的。出门在外，要自知冷暖。平日里，我们还要学会与身边的舍友、班里的同学处理好关系。相互促进、相互学习，有同学朋友的陪伴，相信我们本身沮丧的心情也必然会因此扭转。空闲的时候，不妨找舍友们聊聊天，说说心事，对他们敞开心扉的同时，自己也就放松了。

当然，让自己渐渐地和新同学关系融洽，需要一个循序渐进的过程。首先我们必须热情。假如我们能够主动地、热心地帮助别人，那么我们收获的也一定是别人的热情对待。只要我们能设身处地为他人着想，我们也会很快被大家认同，而我们和他人的关系，自然而然会变得融洽、和谐。

其次，便是学会谦虚。谦虚使人进步，骄傲使人落后。对他人谦让也是好品质，在与他人相处时，切莫浮夸。我们时时刻刻都应抱着一颗宽以待人的心。某些时候，我们也许会碰到一些让我们为难的事情，此刻不妨学着换位思考，站在他人的位置上想一想，心中自然就会充满理解。慢慢地，我们就会发现，原来存在于我们周围的所有人都那么和蔼可亲。

在大学里，我们还要面临的一件不可避免的事情，便是理财。可能很多时候，不到月底，我们就已囊中羞涩了。因此，制订一个合理的理财计划是十分必要的。对于绝大多数女孩子来说，可能花的钱会更多一些。女孩子爱美，爱买各式各样的衣服；男孩子虽然不是很爱买衣服，但是在饮食和玩乐方面却更胜一筹。这样一来，不懂得合理安排支出的人，就会成为一个名副其实的"月光一族"了。那么，如何来应对这种情形呢？

为了避免这样的问题，我们可以采用记账这个简单的方法。每天吃饭花多少钱、买杂物花多少钱等都一一记录，一个月后，我们就可以总结出哪些钱花得不值得，从而加以改进。值得注意的是，不管在哪里节省，都一定不要在参考资料上节省，该买的书籍我们还是要买的。在大学里多读一些书，对将来步入社会的

我们，一定会大有益处的。

世界名著是我们最好的选择，一些历史类的书籍也能使我们增长知识。总之，如果可以的话，每个月我们至少应该买一些书去充实自己的头脑，因为那给我们将来带去的是不可预知的惊喜。

中学教育被大多数人习惯地称为填鸭式教育。在中学，我们有老师、父母的不断督促。如今到了大学，一切与以往截然不同了。大学的学习，我们都要靠自己。如果我们不能随时督促自己好好学习，最终，检测我们学习成果的硬性考试便会给我们一个公正的评判。我们学习不是为了考试，而是让自己的能力得到提升。

对此，我们该如何避免过于放松呢？首先，我们要明确自己的学习目标。学习目标便是学习的最强动力。大学生有了自己的目标，才会有一个明确的追求，随后很自然地，我们的学习效率也一定会大大提升。

我们还要有一个适合自己的学习方法。提前预习当然是第一前提，这亦有利于我们课堂的听课，而且通过预习，我们会逐渐跟上老师的讲解。

同时，我们还应做到课后复习。学习本来就是一个循序渐进的过程，课后复习恰恰满足了我们对课本的最后理解，是一个终结。经过课后复习这一环节，我们就会发现，那些原本看起来有些令人头疼欲裂的知识，早已摇身一变，成了我们自己脑海中的一部分储备。

在大学我们有很多事情要做，所以年轻的我们切莫虚度光阴。每一天对我们来说都是新的一天，每一天，都有许许多多神秘的

事情要发生，我们永远无法预知下一秒会发生什么，可无论怎样，都应该充满期待。与其瞻前顾后地过，不如充满激情地活。拿出我们年轻的动力，着实好好地放手一搏吧！我们完全有理由相信，当释放了内心最大的能量，我们本身会变得更加勇敢、成熟，而未来之路在我们脚下也会越发平坦。

大学的时光，是我们人生中最美且一去不复返的时光，如果用四季中的一个季节来比喻正在象牙塔里成长的我们，"夏"无疑是最贴切的。我们的性格如同盛夏一般，火热激昂。

人生如同电影，大学的时光便是电影中最值得回味的那一段；人生如同小说，大学时光就是最精彩、情节最跌宕起伏的那一段……大学是如此美好，相信每一个在大学里生活过的人都会发自内心地热爱它。在大学这个美丽的象牙塔中，我们要相信一切都会好起来！所以我们每个人都应该加油！决不放弃！

# 让大学生活不留遗憾

从一个统计数据上看，大部分高中毕业生可能进入的仅仅是普通大学，只有一少部分人可以迈入顶尖的重点学府。不过，这种差异性的存在，并不是决定一个人未来人生走向的决定性因素，它仅仅是一个一般性的推动因素而已。

虽然更多人都只是普通学校的大学生，或者说，只是个三流学校的学生，但是这并不意味着我们就得"破罐子破摔"。谁说三流学校就是"破罐子"？谁说三流学校的学生就不能出人头地？

有一个来自三流学校的学生进入学校后，并未放弃自己考研的想法。虽然身边人都觉得他有点儿异想天开，因为如果他有那个实力的话，就不至于只考一个三流学校了，但是，他对自己的

未来充满信心，他希望通过考研来改变自己的命运。

就这样，他从大一开始，每日用功读书，并频繁地跑图书馆查阅资料，为自己要考的专业做一切准备。可是，命运似乎跟他开了一个大玩笑，或者说，上天似乎在捉弄他。

当学业快结束时，他开始了自己的考研之路。可惜的是，他居然没有考上，这让他感到十分遗憾。而身边的人，自然是一副"我猜中了吧"的模样。

他很伤心，接连几日都沉浸在痛苦之中，无法自拔。他不知道自己的努力还有没有意义，为什么自己那么拼搏，到头来却会如此？曾有那么一瞬间，他想过放弃，可一想到自己几年的努力，他就告诉自己一定要再试一次，对！再试一次！

他不是为了回应那些耻笑他的人，而是想给自己一个满意的答复。于是，他踏上了再次考研之路。这一次，他仔细地分析了自身的优势和劣势，并查阅了更多资料，也咨询并采纳了导师的建议，还去那些同年考研而成功的同学那里取经。这一次，他信心十足。

皇天不负有心人，他终于如愿以偿，考研成功了！而此时，身边那些曾嘲笑过他的人也没了踪影。但这一切他不在乎，他不是想向他们炫耀，而是为了证明自己。

诸如此类的例子不胜枚举，有太多"三流"学校的学生通过自己的努力，在社会上取得令人瞩目的成绩。在他们内心深处，似乎隐藏着一股巨大的动力，一旦激发出来，则会爆发出惊人的能量。

　　如果你是个三流学校的学生，如果你对自己所在的大学不甚满意，那么你需要的不是怨天尤人，而是奋发向前。站起来，前面的路就会变得很宽，你也看得更远。反之，趴在地上，那么你的视野就会狭窄。

　　大学生活是多姿多彩的，不应该留有任何遗憾，努力和奋斗从来都不是那些成功者专有的，我们每个人其实都在努力、奋斗，只是程度不同而已。

　　身在大学校园，即使我们不是三流学校的学生，即使没有这种认知上的"低人一等"，也可能在很多其他方面存在自卑。此时，我们需要的是挺起胸膛，告诉自己我能行！

　　那么，到底怎么做才是我能行的表现，才能让大学生活不留遗憾呢？这个问题本身延伸的范围就十分广泛。

　　大学生活的自由性当真使得不少学生在这个问题上"千人千面"。从一个正统意义上看，不留遗憾的大学生活，其实最需要的是练就"迎难而上"的本事，即不怕困难，跌倒了还能再爬起来。因为只有在未正式踏足社会之前就具备了这种能承受困难打压的能力，前方的路才会越来越宽。

 # 充好电才能更有信心·面对未来

　　身在向社会输出人才的基地——大学校园，我们每个置身其中的人都可以看成是一件"商品"，这件商品能否卖上好价钱，就看商品的含金量。

　　一件巧夺天工的商品，自然是很多人都想得到的，而商品本身，也会因此名声大噪。因此，我们作为那件"商品"，要变得炙手可热，就得学会包装自己，为自己充电。

　　第一，弄准定位。

　　身为学生，学习自然是第一位的。这个人人皆知的事实，却让太多人搞不清楚状况。大学的自由性，使得不少学生终于"解放"了。他们认为自己终于可以挣脱束缚了。其实不然，大学时

段是个关键时期，而学习则永远不能丢，毕竟，搞到那张文凭，在一个相当长的时段内都是正经事儿。

第二，确定目标。

进入大学，就不能再把自己当成孩子。作为成年人，应该为自己的未来进行一个宏观规划。

小到每日、每月的安排，大到四年之后自己想达到的高度，这些都应该在一进入大学校门后就做到心中有数。有计划的人，不管到什么时候做事情都会有条不紊，而在遇到困难时，也懂得随机应变。

因为有计划，所以对目标的实现就更有把握和信心，不至于事情出现了一把抓。

第三，具有一技之长。

"千招会，不如一招精"，有一技之长，在社会上就更容易立足。因此，进入大学后的我们，对这一点应该正确认知。如果用"四象限"中的一个来表示的话，那么拥有一项技能，当属"重要但不紧急"的。

说重要，是因为它等同于我们日后进入社会的"饭碗"。在大学具备的一项技能，极容易成为日后的择业取向，故而它的重要性不言而喻。说它不紧急，是因为初入大学的我们尚且有四年的时间去自我提升。即便此时的我们对未来还很迷茫，无所适从，也不必惊慌，我们可以从培养兴趣开始，向具备技能发展。久而久之，当兴趣可以作为技能并付之于实践，那么我们自会有这一技之长了。

第四，彰显个人主义。

这里的个人主义，并非自以为是、不听人劝的意思，而是有独立的思想之意。

何为独立的思想？很简单，凡事我们都不能听之任之，而是要带着批判精神，决不随波逐流，人云亦云。坚守自己的立场是很重要的，毕竟一个"墙头草"一般的人，是无论如何也不可能靠自己的能力获取某种成功的。

在大学校园里，培养独立性。养成独立思考的习惯，也有助于日后在用人单位工作。试问，哪个老板不希望自己的员工头脑灵活，交代下去的任务无须重复、无须返工呢？从这个角度看，个人主义自应大力提倡。

第五，就业准备。

就业在大学生活刚开始的时候就要引起重视的。刚进入大学的我们，很容易被那五彩斑斓的生活所吸引，加之无人约束，导致我们对就业的印象逐渐模糊。

事实上，进入大学之后，我们所做的一切似乎都与就业挂钩。学好专业课，是为了增长知识，具备专业的理论技能；校园活动，是为了提升自我，增长见闻；校外活动，是为了接触社会，培养社会适应能力……可以看出，我们做的所有事情，都是为了就业做准备。

值得一提的是，关于就业准备，身在大学校园的我们，除了要在诸多客观条件方面格外用心、夯实基础外，最重要的即是有一个平和、正确、积极的心态。换言之，绝不能把就业看成一件"压

力山大"的事情，虽然从某种程度上说，这压力的确不小。不过，我们却不能为此忧心忡忡。

大学，是我们迈向社会的最后跳板，往往越是积淀得厚重，跳得就越高。因此，充电是不能少的，也只有充好了电、充足了电，才能更有信心面对未来，才能走得越来越顺。

 ## 体会一下·来自内心的挫败感

从学习和受教育的方面看，进入大学的我们本身就是这方面的胜者，毕竟我们没有成为学业的"逃兵"——自高中毕业后直接放弃进入大学无法考入大学。当然，很多人可能并不觉得这是一种胜利，因为不少人在进入大学之后，渴望在其他方面获取胜利，只有那样的胜利才会让他们满足，才会让他们觉得有胜者的感觉。

进入大学之后，我们非但不能把高中时的争强好胜的个性逐渐发扬光大，反而要做到"韬光养晦"，即不要锋芒毕露。

一个显而易见的事实是，进入大学，我们会遭遇在各个方面都比我们优秀的"对手"，在他们面前，我们曾经的优秀可能不

值一提了。因此，此时的我们，要做的其实并不是设法赶超他们，而是静下心来，甚至是体会一下那种来自内心的挫败感。

感受失败，有时候是体悟人生的一种至高境界。当然，对于身在大学校园的我们来说，或许暂且不必去参悟人生，甚至我们中间很多人会排斥。可实际上，当我们能够以平常心去看待一切、对待一切时，那些曾经令我们烦忧之事，似乎都变得不那么重要了。

关于这种体会和心境，当属进入社会后一种与年龄并不相匹配的心智，而一旦拥有了这种心智，我们对待未来也不会再茫然，因为我们早已知道自己所需的究竟是什么了。那么，在大学里，我们如何才能慢慢具备这种心智呢？

很简单——失败一次。

莫说在大学，即便对于我们整个人生，失败都是常有之事。不过，身在大学，一旦我们能够对一次失败有彻底的感悟，能够从中吸取和总结出更深的经验，那么这对于我们的人生来说，都是一次弥足珍贵、可遇而不可求的经历。

学习上，我们可能会出现"挂科"的现象，这自然是一次小失败，而且多数情况下都不会是刻意为之；在校园活动中，比如乒乓球赛、足球赛、篮球赛、演讲比赛、辩论赛等，出现失利也是常有之事；在校外，我们选择兼职，结果被用人单位解雇，或是因为领导交代的一件事没有做好而被批评、指责等。表面上看，这些事情的发生，似乎都是不可避免且太常见的，然而在稀松平常的事情上，其实我们完全可以掌握"主动权"。

　　没有遗憾的大学生活，其实是枯燥的，没有回忆的，甚至是不值得留恋的。当我们主动去失败一次，品味失败的滋味，从失败中总结原因，我们就会发现，一件事情的成功，其实质在于我们自身如何对待。学会了这一点，等我们步入社会尝试到失败的时候，我们就懂得从哪里入手，而不会陷入自怨自艾之中无法自拔。

　　至少失败一次，是大学不留遗憾的一个"另类"怀念。反过来想，失败一次，就意味着我们自此学会了怎样面对失败，怎样从失败的阴霾中爬起来继续向前。具体来说，从失败中，我们能学会独立，学会勇敢，学会冷静，学会分析，学会总结……

　　年轻的我们，有承受失败的资格，更有重新更正和定位自己的时间。我们应该失败一次，以此来磨砺自己的心性，为走向社会提供经验。

 # 找到让自己快乐的因子

玩音乐、聊微信、打网游、上社交网站、与舍友一起郊游……这样的大学生活实在丰富而诱人。当爬过高中的高墙，翻身跳进大学生活里时，你会怎样度过自己的大学时代？

有些人会像高中时一样严于律己，不允许自己触碰太多诱惑自己的东西，以免走上一条放纵自己的道路。这样的人有着不算太强的自控力，但只要不去接触引诱自己的事物，他们还算是中规中矩的。在他们的世界里，大学只是一个崭新的环境，与高中或初中似乎都没有更多的区别。他们的思想依旧有些"老旧"，那就是好好学习，拿到文凭，找到工作。

事实上，这样不见得不好，或许很多人会有点儿羡慕，因为

他们自初中开始，可能就是老师眼中的好学生，所以身在大学校园，他们也一样恪守着这一原则，并因此而觉得快乐无比。

在大学他们热情洋溢，喜欢尝试新鲜事物，任何诱惑对他们而言都有着巨大的杀伤力。当然，他们有自己的底线，不会做出格的事。

他们如火一般，走到哪里，哪里就温暖如春。他们善于社交，喜欢参加各种团体活动，并能很好地表现自己。但有点儿小遗憾的是，他们不够收敛自己的心性，总是好心办坏事，不过，他们却是友善的。与他们相处，无须考虑自己哪句话说得不好，哪句话触碰了他们心灵最柔软的部分。跟他们在一起，可以开诚布公，可以大大咧咧地开玩笑，可以无所顾忌，因为他们的心始终朝向阳光那边。

有些人，算是学生中的佼佼者，他们既能在快乐时开怀，又不会过于放纵自己，会在必要的时候静下心来，搞定自己应该搞定的一切事情。他们乐于勤工俭学，期待用自己的双手耕耘自己那片小小的天空。他们更乐于交际，可内心想的，却是如何锤炼自己的社交能力，以为日后步入社会奠定基础。

与他们交往，你会变得笑口常开且更睿智。他们总能在恰当的时候做出恰当的决定，当真是娱乐、学业两不误。

除了上面三类人，还有一种人似乎"悲催"了点儿。他们性格孤僻，不善于也不乐于与人交往，面部表情不丰富，透出了他们内心的孤寂和情感的单一。他们不喜言谈，只活在自己的小圈子里，一个人吃饭，一个人睡觉，一个人读书。

　　自高中时期开始，他们就有"抑郁症患者"的潜质，这很令人惊诧。进入大学后，他们内心的彷徨和暗淡感，更加重了他们自身的负面情绪。或许，他们都未曾对别人笑过，而别人的笑脸，未能打动他们的心。

　　其实，这个世界没有绝对快乐的人，也没有绝对伤感的人，两者的差别，仅仅在于前者拥有一颗快乐的心，所以即便触碰了某些令其伤感的事情，也只是让他暂时心境不佳；但因其内心欢愉，所以很快便会找回快乐的自己。而后者呢？因其伤感多于快乐，于是一点儿小小的不开心，也会让他介怀很久。

　　大学校园，本就是个"人间天堂"，身在其中的我们，到底属于上面提到的哪类人，只有我们自己最清楚。不留遗憾地度过大学生活，说起来容易，做起来何其困难啊！只要我们拥有一颗快乐的心，就能从那些不愉快中挖掘出快乐的秘密，找到让自己快乐的因子。

　　作为"小型社会"的大学，折射出了我们每个人"既真实又虚伪"的一面。在这里，我们可以张扬、可以内敛、可以无所顾忌、可以大哭大笑，主宰这一切情绪的，都是一种叫作"快乐"的元素。

 # 从被动学习到主动学习

随着年龄增长，课堂里老师对我们的要求也会有所转变，而经常被老师提及的，便是"自主能力""主动学习"等。我们一边认真听老师的话，一边也会不由自主地想，到底什么才算得上是"自主学习"呢？这和我们现在的学习方式又有什么不一样的地方呢？

有一句古话是这样的：费心者，主动也；随心者，被动也。费心，从字面上来讲，也就是我们所说的用心；随心，就是跟着外界环境走，只注意被填补的知识而不主动查漏补缺。有人说，学习如同探索。唯有我们主动去发现、去追寻，才能够真正得到我们想要的；我们如果只是随着别人留下的足迹勉强前行的话，

相信那是不能够走长远的。

主动学习和被动学习不同，亦能体现在学习者的情感价值上。

对于主动学习者而言，学习就好像是在海边拾贝。放眼望去，整个海滩上散落了无数漂亮而闪亮的贝壳，实在是美极了。主动学习者小心翼翼、有条不紊地按照自己的步骤进行，他慢慢地弯腰，拾起对他来说如同稀世珍宝般的贝壳，然后把它们放进袋子里，永远也不丢失。那些美丽的贝壳，便是知识。当他拾起贝壳的那一刹那，相信他是快乐的。那种快乐，带着满足，带着感悟，当然，还带有深深的成就感。

那么被动学习者呢？被动学习的同学就好像是等待被喂食的孩子。他从没有自己的想法，只是一味地接受递来的食物，然后张嘴吞下。仿佛已经习惯一般，他忘却了自己喜欢的食物，也没有过多的要求。他只会被填得满满的，痛苦不堪。

说到这儿，有些同学可能会问："那我到底该怎样独立自主地学习呢？"

主动学习首先表现在上课时注意力集中。在听课的时候，不仅仅是盯着老师的眼睛，更要让大脑飞速旋转。老师的讲解并不是学习内容的全部知识。老师其实只是起一个引导作用，他只是领学生入门。

在学习的过程中，更重要的是课后的消化和理解。我们要通过老师的讲解来加深自己的认识，同时，摸清知识的体系和结构框架。当我们完成作业后，最好选择性地做一些习题，以此来巩固我们所学到的知识。

在我们做练习或习题的时候，注意力集中同样是非常重要的。有些同学一会儿想去厕所，一会儿想喝口水，其实这些做法都会分散注意力，更有甚者，会影响习题的正确率。正如有些学生很聪明，上课总是一听就会，理解能力很好，可是成绩却总是提不上去，老师家长都为之着急。究其根本，还是注意力没有集中。比如，上课开小差，作业完成时不专心等。

其次，主动学习还体现在是否善于发现问题和解决问题的能力上。

会主动学习的人，便会主动去学习知识，遇到不懂的，就一定不会拖着，尽量当场解决，或是在课后查阅各种资料，想办法弄懂。

另外，随时查漏补缺也是相当重要的。我们应该时常翻一翻学过的内容，然后就个别难度大的知识点进行自我考查，看自己是否真的掌握了。如果发现有个别难点不会，也属于正常，因为知识本来就是一个反复学习、消化的过程，只有不断"回头"，我们才能真正理解。

知道了如何自主学习，可能还有同学会产生这样的疑问：自主学习有什么好处呢？相信这个问题也是绝大多数人想要了解的。

曾有专家做过实验，结果他发现，自主学习的效率竟是被动学习的4倍，甚至更多。自主学习的学生，往往对知识有着更深的兴趣。兴趣是最好的老师，因为觉得有趣，所以学生的做题速度会大大提升，也就有了信心。学习其实是一个综合的过程，它要求学生们不仅要会听讲，会做题，更要求大家会思考，会探索，善于发现，敢于质疑。只有这样，我们才能真正杜绝"只知其一，不知其二"情况的发生。自主学习的学生往往会自主发现问题，自主解决问题，于是不仅学习效率提高了，学习能力也得到了锻炼。

也许刚学会自主学习，好成绩也没有来敲你的门。但切勿急躁，因为学习本身需要一定的时间来沉淀。就好像蝴蝶一般，在破蛹之前，它必须忍受着黑暗和寂寞，经过痛苦的挣扎，才能破蛹而出，变成美丽的蝴蝶。

年轻的我们便是那快要破蛹的蝴蝶，越是到了这个时候，就越是不能放弃。主动学习不仅有益于我们学习方法的完善，更是我们走向成熟的一个标志。

大家还记得吗？小学的时候，老师拿着小木棍认真严肃地教着我们1，2，3，我们便听话而整齐地跟着读1，2，3。那时候，我们无疑是被动的，老师说什么就是什么，没有人会质疑。

等慢慢长大，到了初中，大家开始自主地思考一些简单的问题。但是那个时候，我们仍旧离不开老师。即使有时候老师也会告诫我们莫要事事被动，要学会主动思考，但我们还是不知道怎么做。

慢慢再大一点儿，我们终于意识到自主学习的好处，我们开始尝试，开始变得认真而快乐。回首昨天，除了对那时幼稚的自己说声再见，更多的是深深的感慨。是的，我们正在走向成熟，我们正在走向明天，探索、发现新知识的喜悦充斥着我们年轻的

心灵。

　　苍天不负有心人，我们终于也能像历尽磨难的蝴蝶一样翩翩起舞了。好成绩随之而来，老师的赞许、家长的笑容也终日围绕着我们。我们开始慢慢觉得，自己是成功的。可是人生的路还很长，我们要走好每一步，选好自己的方向勇往直前！

# 自修和自习

当我们进入更深层次的学习时，就会发现，自己学习的时间比原来多了。我们更要注重主动地学习知识，而不是被动地接受。于是，新的名词随之而诞生，那就是自修和自习。

所谓自习，顾名思义，就是自主学习，主动学习。在自习的过程中，我们可以更好地复习老师在课堂上所讲授的内容，从而做到加强记忆，强化我们的理解和对知识更深层次的掌握。而自修呢？可能很多人误以为自修和自习是一样的，实则不然。

自修之中，包括自习；而自习，却不全是自修。修，有修行的意味，这样想来还是很有意思的。在古代，我们看那些技艺高超、卓尔不群的武功高手，在打败对手之前，不都是先到深山老

林里去慢慢修行吗？通过各种各样的修炼后，武功高手便由此而产生了，这即为修。

"修"是很明确的。我们通过付出时间和精力，自我学习，但不仅仅是学习学过的知识，那只能算是复习，谈不上自修。自修往往更强调我们通过自身的努力，掌握甚至是能够熟练运用一种新鲜的知识。

有时候，我们可能更注重自习，而忽略了自修。实际上，若想取得好成绩，自修也是不可或缺的一部分。只有完美地结合自习和自修，我们才能更好地提升自己。

自习是对知识的温故知新，反复斟酌，甚至是不断回顾的一种学习。相信注重学习的人一定也很注重自习。那么当大家自习时，有没有考虑过要用多少时间呢？

有些同学会很偏激地认为，自习的时间当然是越长越好，可事实当真如此吗？我们都知道，高中的时候，平均一节课是45分钟，那么学校或者教育部为什么不多加上几分钟呢？其实，有心的同学会发现，这样的安排是很合理的。我们上课，最重要的就是注意力集中，可是一旦过了45分钟，绝大多数人都不能集中注意力，他们的大脑往往会出现所谓的"疲惫期"，这其实是一种正常现象，也是可以理解的。在45分钟后，我们往往需要短暂的休息，放松我们的大脑。

如果只讲究学习而不注重大脑的休息，我们也不会有真正的进步。因此，在45分钟的学习后，我们还应适当地做些运动，做些有氧呼吸。比如，打打篮球、乒乓球，或者站在窗前向远处眺望一段时间，让眼睛看看绿色的植物，缓解疲劳。

在我们自习的时候，如果重视时间的安排，结果可能会让我们失望。通常，在学校，自习的时间是 2 小时 ~ 2.5 小时，在这段时间内，我们应当合理地安排时间，对白天所学内容进行回顾和总结，只有这样，我们才能进步得更快。

如果有的同学觉得自己要复习的内容太多，区区 2 小时 ~ 2.5 小时并不能解决所有的问题，那么我们可以在休息片刻后继续回顾，以便更好地完善自我。在自习中，除了要注意时间的安排外，更应该注重自习的效率。

通常，我们会发现这样一个问题，或许这也是有些人想要问的：为什么花了那么多的时间和精力，在学习成绩上却没有太好的效果呢？如果这件事真发生在我们身上，一个显而易见的结论即是：我们的效率不高也许是我们在自习时没有合理运用有效时间。那么，我们应该如何去做呢？

所谓效率，简单地说，就是我们看完一小章节内容所用的时间。我们会发现，同样的章节，有的同学看完需要 1 小时，在这 1 小时里，他不仅看完了，更能理解透彻，甚至有时候，他还能触类旁通。可是有的同学，通常只能保证看完这一小章节的内容，却不能保证进一步地理解，更别提发散应用了。

如果对比这两种同学的效率，谁的比较高我们一目了然。通过这样的对比，大家也就会明白，在我们自习的时候，一定要注意力集中，争取在有限的时间内，做完自己该做的工作。

自修亦然。随着课程难度的加大，老师对我们的要求和期望

越来越高，学校里老师讲授的内容已远远不够。这时，我们不能坐等，而要主动出击，主动学习我们从没接触过但又必须掌握的东西。

走进校园，来到图书馆，有心人就会发现，虽然学校不同，但是学生们学习的积极性是相同的。自修室里，一个个埋头苦读，刻苦钻研，偶尔有眉头紧皱的学生和身旁的同学低声耳语，但总体上，还是一幅安静的画面。

其实，这就是大学。早晨起床，在万物寂静无声的时候，我们约上三五个同学，来到学校的田径跑道上奔跑。一天便是这样开始的。下午最悠闲了，等到所有的课都结束后，我们伸伸懒腰，开始计划晚上的活动。等到吃完晚饭，我们又可以放松了。这时候，晚风宜人，清爽而自然。拿上球拍，约上要好的朋友，来一场羽毛球赛。等到太阳西下时，我们就背上书包，乖乖地走进图书馆，对一天的知识进行总结。

谈起自修，我不得不提起一个和自修联系密切的问题。对于大学生而言，自修该如何进行呢？在解决这个问题前，我们不妨来看看同学们的答案。

曾有教师对自己的学生做过调查，他们中有高中生，也有大学生。当高中生被问及此问题时，大多表示自己还是更喜欢先看辅导讲解书，然后在不懂的地方，他们会用笔标注出来。第二天，在老师空闲的时候，再去问老师。这不失为一种好方法，而且通过这种方法，的确使不少同学取得了不错的成绩。

对于大学生而言，可能就没有那么"方便"了。在大学，教育的环境更加开放一些，相关的教学也更倾向于一种开放式管理的状态。在这种状态下，大学生要想找老师去问问题，基本上是很难实现的。当被问及如何自修时，他们的回答是：在自修室里看相关课程的其他资料，或者到图书馆查找更全面的资料。

不论是高中生还是大学生，他们的学习方法都是和需要有关的。那么什么是大学的自修呢？

在大学，最好的自修方法无非是多看书，但问题是，我们应该看什么样的书呢？举一个最简单的例子，有些同学到了大三就决定一定要考研，那时的学习就完全靠自己了。一般情况下，考研的同学会登陆相关网站查看对应学校给出的书目，然后整理出来阅读、学习。这样做很有用，我们在自修的时候，一定要明白自己需要什么，想要弄清楚的是什么问题，然后再去查找相关的资料。这样，就可以提高我们的效率，我们也可以有更多时间来做别的事情了。

不管是自习也好，自修也罢，其实最重要的，还是环境。因为每个人的学习习惯都不一样，所以每个人对学习环境的要求也不一样。有些人喜欢在静静的晨曦中看一会儿书，寻求片刻的宁静和内心不被人打扰的喜悦；有的人却更喜欢在喧闹的食堂空座或是阅读室里待上个把小时，体会那种闹中取静又"不足为外人道"的感觉。事实上，两者皆可，对于这个选择，也没有一个严格的界限去评定。可是，我们时刻要记得，在一个我们不喜欢的环境里，我们切莫一味地忍耐，而是要顺应自己的想法，寻找一片适合自己自修、学习的地方，不要为此损失时间。

　　有人说，大学的生活是悠闲的，学生们有着丰富多彩的课余生活；还有人说，大学是忙碌的，每天都有课，每天都有要看的书，有些同学不得不每天泡图书馆。其实不论哪种生活，都是我们自己的选择：或者悠闲，或者忙碌。重要的是，我们的大学生活一定要有意义，在自习和自修中掌握他日搏击长空的"秘籍"。

# 收获属于自己的专业知识

　　专业，这是我们陌生的东西。可是在大学提起专业的时候，它就不仅仅是一个普通的名词了。甚至有人经常戏称，专业就是我们找工作时的饭碗。

　　当我们真正面对"专业"时，通常有这样几个问题萦绕在脑中。第一，我们选专业时，应该注意什么样的问题。第二，在我们选好专业之后，应该怎样就自己的专业进行学习计划的制订。第三，在我们学习专业知识的过程中，应该如何看待学校额外给我们加的非专业课。

　　人生中难忘的场景之一，便是那个暑假——我们拿到录取通知书的那一刻。尽管骄阳似火，气温一路上升，可是我们的心，

却有着一种难以描述的快乐。父母和老师脸上都洋溢着骄傲而自豪的笑容，我们拿着录取通知书，一时间激动得不知道该如何平复自己的心情。

可是，当那份热烈的幸福缓缓散去后，我们面临的就是志愿报考问题。学校我们不谈，单就专业来说，学什么的都有，五花八门，很多高考生在挑专业时眼睛都花了。此时我们的一小步，决定的就是我们将来人生的一个大改变。因此当毕业生在选择专业的时候，不妨先思考一下以下几个方面：

首先，上网或者查阅相关书籍，确定自己的分数段内自己较为喜欢的专业。这点是相当重要的。如果我们不能选择感兴趣的专业，那么未来的学习一定非常枯燥，我们也就无法专心致志地投入到学习中去。

其次，我们一定要注意所选择的这些课程属文科还是理科，这个专业包括哪些课程。每年，一些大学会出现这样的反馈：一些在高中时期学理的同学，在选大学的时候报了文科的专业，例如：英语等语言类。等到开学的时候，才猛然发现，英语这门专业里竟然也开设了那么多文科的专业知识。因为高中学理，所以很多同学是一点儿都不了解，也不知道该怎么做。这就是在报专业的时候没做足功课。

如果当初在报专业的时候，就能很好地研究自己要报的专业，再加以总结，那么等到开学的时候，即使面对未知的课程和知识领域，也不会乱了阵脚。

第三，我们在选择专业的时候，切勿好高骛远，一定要脚踏实地。我们要有目的地去选择自己的专业，而不是看别人选择什么自己就盲目地跟风。事实上，专业的选择会涉及很多问题。比如，现实一点儿的，关心就业前景、就业方向等。但是不管怎么样，我们始终要记住，我们选择的，一定是适合我们的。

选专业一般会花较长的时间，需反复斟酌，最后才得出结论。而当我们选好专业，来到大学，将要面对第二个问题——我们应该如何就我们的专业制订相应的学习计划。

大学的学习不再如高中那样。大学里，不再有高中那些整日督促你、看管你的班主任，取而代之的，是一种更加开放、自由的学习模式。进入大学，就意味着所有的学习都要靠自己。没有人会监督你的作业是否完成，也没有人突然抽查你是否完成了书上的习题，此时一切都靠自己。

光阴似箭，日月如梭。暑假的时间也只是一晃就过去。期待着，我们的书发下来了，课表也出来了。我们拿着书，拿着课表，却突然有些不知所措。怎么会这样？为什么我选择的专业明明是英语，却有什么书写教程、中国近代史等一些与我专业无关的课程！

慢慢地，有些不理解又带着些扫兴的情绪便笼罩着略微失落的我们。其实，这不仅在英语专业上表现出来，其他专业也不可避免地会出现这样的状况。有些同学甚至对这样的现象愤愤不平。这是为什么？我学这些又没有用，将来当英语老师，难道要给别人讲公共体育？要给学生讲近代史吗？

有些学医药制造的同学更是连连叫苦，将来我们制药的时候，难道先要背诵一段马克思主义？尽管这些听起来有些荒唐，却真

实存在于我们的大学生活之中。

曾经有位老师在一堂公开课上，问一群英语系的孩子：你们知道什么是西进运动吗？按理说，英语老师只要讲授英语即可，大可不必问同学们历史知识。可是因为他要讲的内容和西进运动有关，所以才考考学生。结果老师很失望，因为英语系的学生根本不知道什么是西进运动。这也从侧面反映了现在的学生在某些非专业领域里有很多欠缺。

除了我们必须掌握的各种知识之间的相关性之外，那些非专业的课程就是学校给我们的额外"奖赏"。

曾经有个教官，他一直是个性格温和的人。在军训期间，他对所带的学生特别好。可是谁也没有想到，就在军训要结束时，他却突然变脸，让他的那个方队的学生一直蹲在地上。这种方式一般是惩罚那些犯了错的学生，可是那天，大家并没有做错什么。

慢慢地，很多学生都坚持不住了，甚至有好多女生流下了眼泪。大家的腿都很疼，可没有人敢离开，哪怕是动一下，因为教官就站在那里。谁也记不清那天一共蹲了多长时间，只记得最后教官发出一声"起立"的命令时，大家都趴在地上，一时间没有人能够站起来。那会儿，很多人都在心里小声咒骂教官的冷酷无情，可是接下来的那段时间里，教官说出了一段让所有人终身难忘的话：

"在你们上大学之前，早就有不少人告诉你们，大学生活是多么美好，多么舒适。但我真的替大家感到担忧。正因为你们以后会过上舒服的生活，所以今天我体罚了你们。因为这样的惩罚，

这样的经历，我敢打赌，你们从今往后不会再有。而我，只是想给予你们这样一次经历。痛苦、难忘，混合着对生活的期待和对威严的隐忍，既怕又恨。我希望你们记住，永远记住，因为这就是生活！"

话一说完，教官行了一个标准的军礼。所有的人都愣住了，原来这才是教官真正的用意。

教官的那些话真的很有道理。我们眼下看到的只是普通的课本，所以我们觉得没有用，可我们看不到的却是我们的未来。从今以后，乃至我们工作了，也再不会拥有随心所欲学习知识的机会。只有眼下，在我们大学的课堂上，才能收获属于自己的专业知识。而此时，专业知识到底是什么？相信你心中也有了全新的解释了：它不仅仅是单纯的知识，更是一份独属自己的社会经历。

# 学历和学力

　　6月，毕业季。有人欢喜有人忧。高三过后的那个6月是这样，大四过后的那个6月也是如此。对于六月的定义一直都是多样的。

　　在有些人眼里，6月的太阳是最明媚的。阳光就那样明亮地照射下来，周围的一切都那么亲切。其实，他们早已在毕业之前就得到了大公司的青睐，所以看任何东西，都是充满欣喜的。

　　而在有些人眼里，6月却是那么燥热，阳光刺眼。这些人把6月看作痛苦的时节。因为他们要为了寻找工作而疲于奔命，感觉自己是没有希望的那类人。其实，让他们失望的并不是6月，而是现实。

　　当今这个飞速发展的时代，大企业在聘用员工的时候，往往

只会关注两件事情，一是学历，二是经验。学历越高的人，理所当然被聘用的可能性就越大；而对于那些经验丰富的人，也一样会被企业青睐。这无关于什么规则，而是现实。

因为社会对人才的极度需要，有时候会让人们被一种观点所误导，即学历是不可逆的。通俗点儿说，高考决定了我们的一生。有人说，我们只有在高考中发挥好了，才能上好大学。也只有上了好大学，才能获得更高的学历。正是因为拥有了高学历，我们才能找到一份好工作。否则，我们的人生就会被标上"失败"的标签。

那么，一切真的是这样吗？

学历当然很重要，甚至在某些企业，学历被看作"入门"的法器。那么，难道我们非重点、非名牌大学的毕业生就无法找到工作了吗？非也。这就引出了我们的第二个话题——经验。与其说是经验，其实它像是另外一个完全不同的词语，即学力。学历、学力，一字之差，它们的意思却完全不同。

如果一个人没有高学历，是不是意味着他无法找到工作？自然不是。第一，他可以努力深造，以求得更高层次的学历；第二，他可以深入社会中，找到一份普通工作，先积累相关经验，等到时机成熟时，再到好的企业去竞聘。相比之下，哪种比较好呢？

我们通常说，如果一个大学生毕业的时候并不满足于自己的学历，而是想要追求比自己现有学历还要高的学历，想继续去深造，那么他一般会选择考研或者出国。

通常而言，准备考研的学生会在大三之初开始准备，大约花上快两年的时间。在这两年里，准备考研者会确定自己想考的学校，确立自己考研的方向，然后着手收集自己要考的学校的信息，找导师指导。等到一切都准备好之后，他们再去参加自己要考的学校的统一考试，通过后就成为该校一名研究生了。

考研，目前是最广泛的也是最多学生采用去提升自己学历的办法之一。

另一种方式就是出国。一般来讲，准备出国的学生是从大二或者大三就走。有的学生是因为家里有亲戚朋友在某个国家，所以经家里人的安排，被送往国外某一高校就读。还有一种大众的途径，就是考试。

在我们有资格申请国外的大学之前，我们必须参加一种国外的高考，还要参加"雅思"或者"托福"。这两种用来测试学生英语能力的考试。它们的区别在于，雅思注重英国方面的教育，而托福注重美国方面的教育。如果有学生想到加拿大之类的美洲国家，具体要参加哪门考试，应由当地的高校决定。

关于学历的提升，大致如此，那么学力呢?

学习是永无止境的。即使我们步入社会，每天也在不停地学习，一刻放松都可能让我们落后于他人，而这种被忽视的现实，就是学力。

进入大学，不意味着我们可一劳永逸，我们需要在大学期间努力提升自己的综合素质，这样进入社会后才能更轻松地胜任更多社会性工作。举个例子，在我们有资格进入心目中的公司工作之前，不妨先进入一家相对较小的公司来磨炼自己，学习日后可用的岗位知识及相关衍生知识。可能那是一段难熬的时间，但熬

过之后，就会"苦尽甘来"。

这其中，值得一提的有一个很现实的问题，也是尖锐的问题——我们不会得到太多薪水，我们付出得多却回报得少。甚至公司里的老员工会在背后指指点点，嘲笑我们年轻，笨手笨脚。但是，这恰是磨炼能力的关键，也是提升学力的阶段。

一般来说，积累那些工作经验需要 2 年至 3 年的时间，而这段时间，我们万万不能荒废。这段时间，也称为我们弥补自身缺陷的最好时机。除了在工作岗位上努力奋斗外，我们更要在休息时间不断吸收养分，养分可以来自学校图书馆，也可以来自公司的同事。总之，一切可以包装自己、让自己阅历逐步提升的渠道都要加以利用。

实习性的工作也是工作，不比在学校逍遥。刚开始，我们或许会遇到很多挫折，但经历挫折的过程，第一会磨炼心性，第二会拓展人际圈。有些前辈会很友好并不遗余力地帮助我们，在工作上提点、栽培我们。

现在，尚在校园中的你，应该更了解大学生活到底如何度过才更有意义了吧？当然，对于大学，每个人都有自己的理解，你可以选择逍遥自在，也可以选择埋头苦干，一切都在于我们内心的选择。选择了眼下的安逸，就选择了未来的奔波；选择了此时的辛勤，就选择了彼时的安稳。

未来的大学生活，其实近在咫尺，从现在开始做好度过大学的准备。我们此刻所做的一切，其实都是在为未来奠定基础。现在着手去做，总比到时手忙脚乱要好吧？

# 如何度过大学生活的方法
## ——举一反三

　　孔子曾经说过："举一隅，不以三隅反，则不复也。"这就是我们耳熟能详的举一反三。上大学后，明白举一反三的道理很重要。

　　在大学，注重自学，注重自主，注重如何让自己最大程度地灵活掌握知识。举一反三，在这时便体现得淋漓尽致了。大学的课堂高中课堂完全不同，老师的讲解自然也有所不同。在高中的课堂上，我们可以很容易地学懂东西，因为老师会详细地把每一个知识点反复地分析讲解，好让我们每一个人都掌握。可是在大

学呢？大学老师会采取相对开放式的教学方式。刚升入大学的学生很多都不适应这种讲课方式，他们甚至觉得，大学的课堂会因此而无聊。

适应大学生活是大学新生的当务之急。只有先适应了，才能有以后更高层次的追求。首先，在课堂上，我们还应像高中时那样，思路要一直跟着老师。可能大部分同学会发现，老师的讲解只是笼统的，很多并没有具体到某一点。这是很正常的，这就是大学教育的主旨——开放、引导。那么接下来，就是我们自己发挥的过程了。我们可以在课后到图书馆去查找相关书目，并细细研读。

一个人的能力毕竟是有限的。当你发现自己陷进迷茫的旋涡无法出来时，别忘了身边的朋友！在大学，我们当然也应学会合作，合作是最好的解决困惑的方法。

那么，又如何"反三"呢？对于大学学习来说，最为简单的"反三"就是自我尝试，最简单地尝试就是学会"找"。我们找的不是实物，而是老师话语中的向导语句。老师在说一个知识点时，往往只是蜻蜓点水。此刻，我们需要抓住老师的只言片语，然后在课后总结、反思。或者我们还可以几个人组成一个学习兴趣小组，专门对老师课上遗留的问题进行探讨、分析，然后一起找到解决的办法。相信这样，我们就真正做到了"举一隅，而以三隅反"。

其实在我们的大学生活中，同样需要举一反三。比起高中生活，大学生活更加多姿多彩。现在有很多学生，当他们刚上大学的时候，有些茫然。许多学生甚至不知道该如何去做，"举一"

尚且困难，就别提"反三"了。

举一反三，在我们的业余生活中是非常有用的，如果我们掌握了其要领之后，就会发现很多事物的奥妙之处。

在大学生活中，什么能使我们事半功倍？大多大一新生刚刚从高中那个环境里走出来，太单纯，甚至他们中的一些人还不知道该如何利用这四年。此时，那些上过一年学的学长、学姐就能给出最完美的答案——规律。

可能也有学生对这两个字不屑一顾，不过，我们有的时候只是注重字的本身，而忘了去理解这两个字的深意。

大学最忌讳的就是浪费时间。在这个时候，我们需要有规律。我们需要知道哪些事情我们必须做，而哪些事情我们没有必要去尝试。我们总听所谓的过来人告诉我们，在大学一定要过英语四级，只有这样，我们才有毕业证。这就是规律，我们也要善于收集这样的规律。因为它们就好比一个个路标，通过它们的指引，我们就走上一条正确又完美的道路。

在我们收集了那些对我们来说有指导意义的信息后，也只是完成了第一步——"举一"。那么"反三"呢？通俗点儿说，"反三"就是我们在知道了这些大学生活的规律后并遵守它们，能够得到比像一个英语四级证还重要的东西，至于到底是什么东西，就是仁者见仁、智者见智了。有些人会比以往更自信，有些人变得更勤奋，有些人掌握了更多的知识，有些人拓展了广阔的人脉圈……做到如此，我们就算没有辜负大学生活。

举一反三只是一种方法，一种指导我们如何度过大学生活的

189

方法，一种类似于触类旁通的学习方法。借由这种方法形成的思维习惯，我们会渐渐从被动到主动，从老师授予到自我接受，即朝着无师自通的方向走去。而这个方向，不单单是我们大学生活中最正确的方向，待到大学毕业，这个方向也是社会中最值得奋进的方向。

从举一反三到无师自通，这种转变留给我们的，除了一些做法和经验之外，更多的是一种思维方式。就是因为它，我们才能够有机会深深思考：在大学里，我们终究想得到什么，我们想获得什么，我们需要怎样度过。时间是如此有限，我们唯有不断前进，逆水行舟，方能逐步在梦想那端靠岸。